中公新書 1862

野矢茂樹著

入門！論理学

中央公論新社刊

はじめに

論理学の本を手にしたのはいまがはじめて、というひともいるのではないでしょうか。もちろんそういう読者を念頭において、私はこの本を書きました。だけど、同時に、「いままでになかった論理学の本を」という気持ちももっています。なので、いまちょっと悩んでいます。だって、論理学の本はこれがはじめてというひとは、この本がいままでにないタイプのものだということなんか、分からないでしょうから。そうですね、私としては危険な賭けかもしれませんが、ちょっと他の論理学の本をパラパラとめくってみてくれませんか。それからこの本もパラパラめくって、見比べてみる。比較対象は、『論理トレーニング』(拙著)とかいう本ではなくて、現代論理学の教科書とかです。ほら、まず見た目がだいぶ違うでしょう?

現代の論理学は、「記号論理学」とも言われて、堅い本だと記号や式のオン・パレードです。「記号」論理学なので当然なのですが、この本は記号論理学の入門のくせに記号をほとんど使っていません。しかもタテ書き。

最初は私も論理学の本としてはごくふつうにヨコ書きを考えていましたし、記号も使うつもりでいました。だけど、出版社の担当の人に「タテ書きでやりたい」と言われて、「それはムリです」とか答えたのですが、「でもタテ書きでやりたい」とさらに言われて、「そうかい、やってやろうじゃないか」と、いささかムキになったのでした。たかだかヨコかタテかの違いなのですが、こういう小さいことが、この本の性格を劇的に変えるということに気がついたのは、しばらく執筆を進めてからのことです。タテ書きにするからには、式の部分だけヨコに寝かせるみたいなこともしたくない。そうして、記号なんか使わないのだけれど、論理学の入門として、ふつうなら記号を使って書かれるようなこともきちんと伝えたい。そう思ったのです。他の本にあるような、「公理系」というのも出てきますし、証明もやってみたりします。

感覚的な言い方で申し訳ないのですが、記号を使わずに記号論理学を紹介することで、論理学を「裸に」することができたような気がします。他の本を見てみれば感じていただけると思うのですが、各ページを埋める記号の放列はあたかも論理学が鎧《よろい》をまとって私たちの前に現れたかのようです。その鎧をはぎとり、さらに着ていたものを脱がせ、意外と柔らかいその論理学の素肌に触れることができたのではないか、そんなふうに思うのです。

タテ書きにしたことで、そして記号を使うことを禁じたことで、私たちがふだん使っていることばと論理学との関係にいっそう敏感になることができました。論理というのは、私たちがふだんことばを使うときの重要な技術のひとつです。そして私たちはとても豊かで多様な論理を用いています。その論理の仕組みを解明したい、それが論理学にほかなりません。私は、この本で、私たちのふだんづかいのことばから、その論理を取り出し、理論化し、体系化する、その最初の産声を取り上げようと思いました。ここには、まだプニプニしていて、ホカホカしている、そんな産まれたばかりの論理学の姿があります。

私は、「入門書」というものには少なくとも二種類あると思っています。ひとつは、これからもっと進んで勉強していくひとのために、その第一段階の基礎を教える入門書。積み上げ型の学問の場合に多いタイプです。たとえつまらなくても、たとえいまは意味がよく分からなくても、ともあれまずはこれだけのことはマスターしといてくれないと、先に進めないからね、というわけです。この本はこういうタイプの入門書ではありません。

私が考えるもうひとつのタイプは、少し唐突な言い方ですが、「哲学」です。つまり、その学問の根本的なところ、その本質を、つかみとり、提示する。論理学ってけっきょく何なんだ。何をやっているんだ。禅坊主の言い方を借りれば、襟首つかんで「いかなるかこれ論理学」とか「作麼生《そもさん》!」とか迫るところです。入門だからこそ、その根っこをつかまなければいけない。表面的なあれこれを拭《ぬぐ》い去って、根本を取り出そうとするその態度は、まさしく哲学です。

そして、タテ書きにして、記号を使わないと決めたときから、このような、論理学の根本に向かおうとする姿勢が色濃くなっていきました。入門の第一歩ではあるけれども、同時に、ここは何度でも立ち戻ってこなければならない論理学の核心部分なのです。ですから、正直に言って、執筆していてなによりもまず私自身に新たに学ぶところがありましたし、この本の執筆はとても楽しい作業でした。その楽しさが、どうか読者のみなさんのもとにも届きますように。

入門！論理学　目次

第2章
□□□□■■
「否定」というのは、実は　とてもむずかしい

ひとはどういうときに否定するのだろう
私はあなたのことが好きではない
肯定するか、否定するか、どっちかしかない？
勇気と盲腸の違い
二回否定すると肯定になるのか？
矛盾の形
背理は否定される
否定の論理

「健全」で「完全」な公理系
いろいろな公理系が作れる
遠くにゲーデルの不完全性定理が見える

第6章
■■■■■■
「すべて」と「存在する」の推論

この推論はどう扱おう
全称と存在
全称と存在のド・モルガンの法則
世界に三匹のブタしかいなかったら
「すべての男はバカである」の論理構造
「バカな男がいる」の論理構造
「すべて」と「存在する」を組み合わせる

入門！論理学

逆らってはいけない
合わさってもならない
体を左右に
軽く揺らすとよい

井上陽水・奥田民生
「手引きのようなもの」

第1章 あなたは「論理的」ですか?

「論理的」って、どういう意味だろう？

まず、「論理的」ということの意味を押さえておきましょう。

たとえば、「なんて非論理的なんだ！」とか、ひとに言われたとして、まあたいていこれは悪口なわけですが、いったい、何が悪いと言われたのでしょうか。私としては、もしそんなことを言われたら、ひるまずに「非論理的って、どういう意味で言ってるわけ？」と尋ね返してやりたくなります。そしてもしそのひとが私の質問にとても論理的に「非論理的とはこれこれのことである」と答えてくれたなら、その悪口も甘んじて受けましょう。でも、なんだかモゴモゴ言うだけだったり、居直ったりしたら、まあ、いわゆる「目くそ鼻くそ」ってやつですね。私が鼻くそだとしてですが。

さて、それじゃあいったい「論理的／非論理的」って、ふつうはどういう意味で言われているのでしょう。これは、ちょっと考えてみてください。けっこういろんな意味で使われてるような気がします。

たぶん、ふつう「論理的」ということばで意味されているのは、「一貫している」とか「理詰めだ」といったことで、逆に「非論理的」というのは「飛躍している」とか「支離滅裂だ」とか「理屈が通ってない」といったことなのだと思います。「もう少し論理的に話せよ」と言うかわりに「思いつきで喋《しゃべ》るんじゃない」なんて言い方をすることもできそうですが、これ、なかなかおもしろいです。ちょっと道草くってもいいでしょうか。なんで、「思いつきで喋る」ことがすなわち「非論理的に話す」ことになるのか。

実のところ、私もこの文章を「思いつきで」書いています。何かを見て書いているわけではないので、当然、思いついたことを書いているわけです。話すときだってそうです。思いついたことを話す。それ以外にどうしようもないでしょう。披露宴のスピーチで用意した原稿を読み上げるという場合は別ですが。だとすると、「思いつきで喋るんじゃない」というのは、何を言いたいのでしょうか。

たとえば、「映画見に行こうよ」と誘っておいて、相手が「何か見たいのある？」と聞き返してきたときに、「映画」で連想したのか、最近見なくなった女優の話なんかはじめる。相手もつきあって「前は人気あったけどねー」とか言うと、「そうそう、それでさ」とか言って、落ち目になったお笑い芸人の話になって、そういえば、うちのクラスにおもしろいやつがいてさ、このまえなんか、と話はどんどん変わっていき、いつのまにか豚の角煮の話になって、角煮の入った中華まんじゅうに話は移ろうかというころ、「で、今日どうするのよ?」と相手がしびれをきらす。で、返ってきた答えが、「マジ天気いいし、海、行こっか」。思わず、こういう男とはつきあうんじゃないっと言いたくなりますが、まあ、これなんかは「思いつきで喋ってる」と言える例になってるのだと思います。楽しそうですけどね。

それに対して、「何か見たいのある?」と聞かれて、「＊＊＊とかおもしろそうじゃん」と、ちゃんと映画の題名を答えるなら、「思いつきで喋ってる」とは言われません。どこが違うのでしょう。映画の題名を答える場合だって、思いついたからその題名を言っているわけです。だけど、「海、行こっか」の場合は、思いつきが奔放というか、気ままというか。最初の自分の発言からどんどん離れて、ブタ角煮マンまで漂流していく。この脈絡のなさが、「思いつき」の面目躍如《めんもくやくじょ》たるところです。

つまり、「思いつきで喋る」というのは、ある意味でたいていの場合が思いつきで喋ってるのですけれど、その中でもとくにそれまでの発言(自分のであれ、ひとのであれ)を無視して、その場で思いついたことを勝手気ままに喋るということのようです。そしてその点が、「非論理的」と言われることにもなるわけです。

逆に、「論理的」というのは、それまでの発言ときっちり関係づけて次の発言をすることだと言えるでしょう。「論理的」ということばがもっているこの側面は、かなり論理学が扱う「論理」に近づいたものになっています。おおざっぱに言えば、「論理」とは、ことばとことばの関係の一種なのです。だから、ことばとことばをきちんと関係づけて使うひとは「論理的」で、そのときそのときの思いつきで脈絡なく発言するひとは「非論理的」ということになります。

ことばって、すごいなあと素朴に感心するのですが、ひとつのことばは他のことばと互いに関連しあっている。「空」ということばと「雲」ということばは関連しあっていて、「雲」は「雨」と関連しあっている。こんなふうに関係づけていくと、「雨」は「水」と関係して、「水」はさらに「コーヒー」とも関係して、「コーヒー」から「豆」、「豆」から「小豆」を経由して、「あんこ」をまきこんで、ついにそれは、「アンパン」と関係する。「空」と「アンパン」は関係しているわけです。

こうしたことばとことばの関係は、もちろん、文と文の関係でもあります。たとえば「雨が降ってきた」ということは「上空から水滴が落ちてきた」ことを意味上含みますし、「にわか雨が降ってきた」と言えばその水滴の落下はそれほど長くは続かないということを意味上含むわけです。（「一週間にわか雨が降り続いた」なんてことはありえません。）あたりまえじゃん、と言われそうですが、そしてたしかにあたりまえなのですが、実に、これが「論理」なのです。

ちょっと抽象的というか、イメージだけの言い方になりますが、ことばは意味の連関性をもっていて、それがことばとことばをつなぎ、意味のネットワークを作ります。ことばは網目状につながりあっているのです。そのネットワークを踏みはずさず、正確に行き来できるひと、それが「論理的」なひとにほかなりません。

論理は非常識か？

ただし、一点補足しておいた方がよいでしょう。ことばとことばの関係であればどんなものでも論理かというと、そうでもありません。先ほど「ことばとことばの関係の一種」と言っておいたのが、この点に関わります。（この「一種」ということばを見逃さなかったひと、なかなか「論理的」です。）たとえば、「大学教師」というとなんだか「教養人」とか「知識人」とか思うひとも多いでしょう。しかし、教養人でも知識人でもない大学の先生がいたって別に矛盾ではありません。「一週間降り続いたにわか雨」は矛盾ですが、そのような意味では「無教養な大学教師」というのは矛盾ではないわけです。事実、言いたかないですが、私のことです。

この、「大学教師」と「教養人」や「知識人」との関係は、常識的に考えて結びついていると思われるつながり、あるいはもっとゆるやかな関係としては「連想」のつながりと言えるでしょう。「ブタ」というとかわいそうになんだか汚れた小屋に住んでいるところを連想してしまうひとも少なくないでしょうが、同様に、「大学教師」というと教養人かと思ってしまうわけです。このような、常識や連想によるつながりは、しかし、「論理」ではありません。「論理」はあくまでも意味上のつながりです。たとえば「にわか雨」といえば「比較的すぐに止む」とか、「大学教師」ならば「大学生を教えている」とか。

そうすると、論理というのは、常識や連想より厳格だとも言えますが、逆に常識や連想よりゆるやかだとも言えます。まず、「……のはずだ」という言い方に関しては、論理はより厳格です。常識や連想では「大学教師は知識人のはずだ」と言われるのかもしれませんが、論理的にはそんなことは言えません。論理的に言えるのは、「大学教師ならば大学生を教えているはずだ」といった、もっと確実に言えること、確実すぎてなんだかぜんぜんありがたみがないことだけです。

他方、「……かもしれない」という言い方については、論理は常識よりも圧倒的にゆるやかです。矛盾ではないならば、どんなに非常識なことでも論理的な可能性としては認められます。たとえば、私はオリンピックで金メダルをとるかもしれない。論理的にはそう言えます。もちろん、現実にはそんな可能性はゼロと言ってよいでしょうが、しかし、私がたとえばマラソンで金メダルをとっても、別に論理的な矛盾ではありません。同様に、いまをときめく美人女優（よく知らないので誰でもいいです）が私を熱愛しているかもしれません。そう考えるとちょっとうれしい気分になるかもしれませんが、まあ、気のせいです。論理的可能性ですから、ぜんぜん元気が出るような可能性ではありません。（逆に、とんでもなく悲惨な可能性もありますしね。）いずれにせよ、論理的可能性というのはバカバカしいぐらい非常識な可能性も、矛盾していないかぎり許容するものなのです。それは、「論理の自由さ」とも言えるでしょう。論理的に考えていくことによって、常識にとらわれない可能性が見えてくることもあるわけです。

「論理的」であることは、ですから、「常識的」であることとは違います。それで、こんなふうに言うと、「じゃあ論理的なひとっていうのは非常識なひとなんだな」と反応するひともいるかもしれません。しかし、それは違います。

これは、踏み込むとあとの話題に入り込んでしまいますから、説明は簡単にすませますが、かりに「論理的なひとは非常識だ」という主張が正しいとすれば、そこから、「常識的なひとは論理的ではない」が導けることになります。（「対偶《たいぐう》」と言います。あとの章でやります。）なんとなくですが、「論理的なひとは非常識だ」ということには同意するひとでも、「常識的な人は非論理的だ」にはあまり同意してくれないような気がします。しかし、まさに論理的にはですね、この一方を正しいと認めたらもう一方も必ず正しいと認めなければいけないのです。

で、私は、「論理的」であることは「常識的」であることとは違う、そう言いました。そしてその理由は、論理的可能性は非常識な可能性をも許容するということです。ですから、このことから「論理的なひとは非常識だ」なんて主張は出てきやしません。というのも、論理的可能性はたしかに非常識な可能性も許容しますが、もちろん常識的な可能性もそこには含まれるからです。たとえば、「まじめ」であることと「金持ち」であることは別だ、と言われたようなものです。もちろんまじめな貧乏人もいますし、まじめな金持ちもいます。同様に、論理的であることは、常識的か非常識かには関わらないのです。だから、「論理的」と「常識的」は違うということから、「論理的なひとはみんな非常識なんだ」という結論は出てきません。もちろん、「論理的なひとは全員非常識ではない」なんてことも出てきません。論理的で非常識なひとはいるかもしれないし、実際、います。

論理学が扱う推論とはどういうものか

さて、論理学が扱う「論理」へと話題をしぼっていきましょう。

さっき述べた例をもう一度とりあげます。「あのひとは大学の先生だ」ということから「それじゃあきっと知識も教養もあるのだろう」と推測する。これはけっこう外れることの多い推測じゃないかと思いますが、いずれにせよ、論理的な推論ではありません。それに対して、「あのひとは大学の先生だ」ということから「じゃあ大学生を教えているのだな」と結論するのは、論理的です。一般的に言って、論理的な推論は、そのひとつひとつのステップを取り出してみると、確実ではあるのだけれど、なんだかあたりまえで有難みのないものになっています。ところが、そんなふうにひとつひとつはあほらしいぐらいあたりまえのステップが積み重ねられていくことによって、最初は思ってもみなかったような結論へと到達するということがあるのです。数学の証明に触れたことがあるひとは思い出してほしいのですが、ひとつひとつのステップはまったく当然の推論から成り立っています。また、そうでなければいけないのです。ひとつひとつはあたりまえだからこそ、それを辿ることによって誰もがその結論を受け入れることになるわけです。

論理学ではなによりもまずひとつひとつのステップを構成している代表的な推論を見ていきますが、それはおそらくあたりまえのものに見えるはずです。だけど、それが組み合わされて複雑な推論が作られると、なかなかどうしてあたりまえとは言えないものになるし、高度なものになるとかなり訓練を積まなければフォローできないようなものにもなっていきます。そのためにも、あたりまえにも見えるひとつひとつの推論をきちんと押さえていかなければいけない。

ちょっと用語を整理しておきましょう。大学教師だということから知識人だと結論するような、常識や経験から判断しておそらく言えるだろうというタイプの結論の導き方に対しては「**推測**」、論理的な結論の導き方に対しては「**推論**」という語を用いることにします。「推論」という語は「推測」も含む意味で使われることも多いと思いますが、ここでは論理的な場合だけに限定させてください。

推測と推論がどう違うのかを厳格に定義するのはなかなかたいへんです。ここまでの説明でなんとなく分かってくれたのではないかということを期待して、まずひとつ問題を出しましょう。説明はその問題への答えを通して、続けることにします。

問題　次を推測か推論かに分類してください。

(1)A店では商品Pの売り上げがよくない。しかし、B店では商品Pはよく売れている。比べてみると、値段はどちらも同じなのだが、A店では商品Pは店の奥に置いてあり、B店では入り口付近に置いてある。このことから、A店では商品Pの売り場の位置が適切ではないと判断できる。

(2)花子はいつもA店かB店で買い物をし、そのさい、商品Pを買うときには必ず商品Qも一緒に買う。ある日花子は商品Pを買って帰ってきたが、A店には行かなかったという。このことから、この日花子はB店で商品Qを買ったと判断できる。

「説明なんかいいから答えを教えろ」というせっかちなひと、いるでしょうね。次のページに書いておきますから、どうぞめくって見てください。

合ってましたか？　それはよかった。／それは残念。

さて、(1)と(2)はどこが違うのでしょう。両方ともある前提からひとつの結論を導いています。しかし、その結論を導く確実性が違う。なるほど、A店ではB店よりも商品Pの売り上げが悪くて、どちらも値段は同じ、でもその売り場の位置が違う、となると、売り場の位置が適切ではないのだろうと考えることはもっともらしいし、けっこう確実な推測と言えるかもしれません。だけど絶対確実かと言えば、そうではない。原因はほかにあるかもしれません。そもそもA店の立地がよくないとか、売り子がいやな感じだとか、あるいは商品Pを買うひとはたいてい商品Qも買うのに、A店はPだけ置いてQを置いてないとか。

それに対して、(2)の方は、与えられた四つの前提をすべて正しいものと認めたならば、必ず結論も正しいものと認めなければなりません。

ちょっと整理して書いてみましょう。

前提1　花子はいつもA店かB店で買い物をする。
前提2　花子は商品Pを買うときには必ず商品Qも一緒に買う。
前提3　ある日花子は商品Pを買った。
前提4　この日花子は、A店には行かなかった。
結　論　この日花子はB店で商品Qを買った。

前提2と前提3を組み合わせれば、この日花子は商品Qも買ったことが結論できます。さらに前提1と前提4を考えれば、この日花子が買い物をしたのはB店だと結論できます。そこでそれをあわせて、この日花子はB店で商品Qを買ったと結論できるわけです。

(1)が、前提を認めてもそこで示されている結論以外の可能性がまだ考えられたのに対して、(2)の場合には、前提を認めたならば、もうここで示されている結論以外の可能性はありません。一直線、選択の余地なしです。

では、答えを書いておきましょう。(1)**推測**、(2)**推論**。

さて、もう少しきちんと定義できるところに来ました。いくつかの前提からなんら

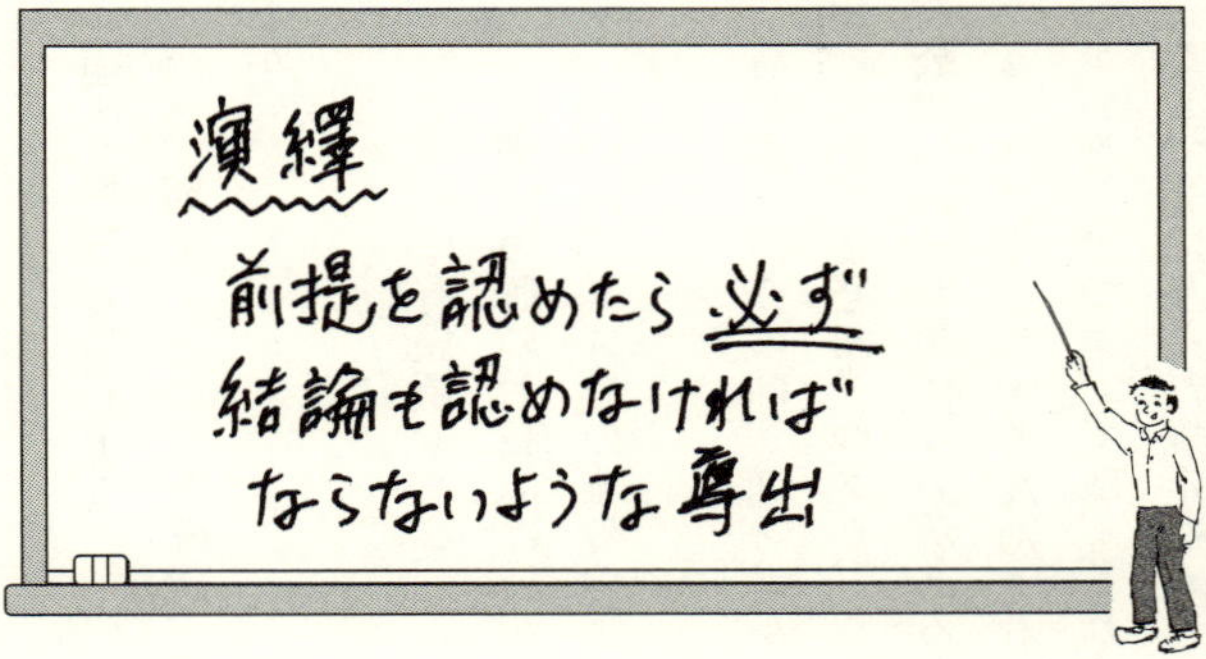
演繹
前提を認めたら必ず
結論も認めなければ
ならないような導出

かの結論を導くもので、その導出が絶対確実なもの（前提を認めたならば結論も必ず認めなければならないもの）、そのようなものを「推論」と呼びます。あるいは、もうちょっと専門的というか堅い言い方では、「演繹《えんえき》」と呼ばれます。論理学が扱うのは、まさにここなのです。

論理というのはことばとことばの意味上の関係です。そして論理学はとりわけその中で推論という関係を扱います。これから私は、「推論」とか「演繹」とかあるいは「演繹的推論」という言い方をします。これはぜんぶ同じものです。前提を認めたら必ずその結論も認めなければならないような導出、それが「推論」、すなわち「演繹」、あるいは「演繹的推論」です。そしてこれが、論理学の扱う対象なのです。

論証と導出を区別しよう

一点、補足。というか確認。いまの説明に従うと、次は正しい演繹と言えるでしょうか。

タヌキは有袋類《ゆうたい》である。
有袋類の雌のお腹には袋がある。
だから、タヌキの雌のお腹には袋がある。

有袋類というのは、カンガルーとかコアラのような動物で、もちろんタヌキは有袋類ではありません。つまり、この前提はまちがっています。うるさいことを言えば、有袋類の雌のお腹には袋があるというのもまちがいで、袋（育児嚢《のう》）がない有袋類もいるそうです（じゃあなんで有袋類なんだ）。そして結論も、まちがっています。まちがいだらけです。では、これは正しい演繹的推論とは言えないのでしょうか。

ここで先に与えた規定をもう一度見なおしてください。演繹的推論とは、「その前

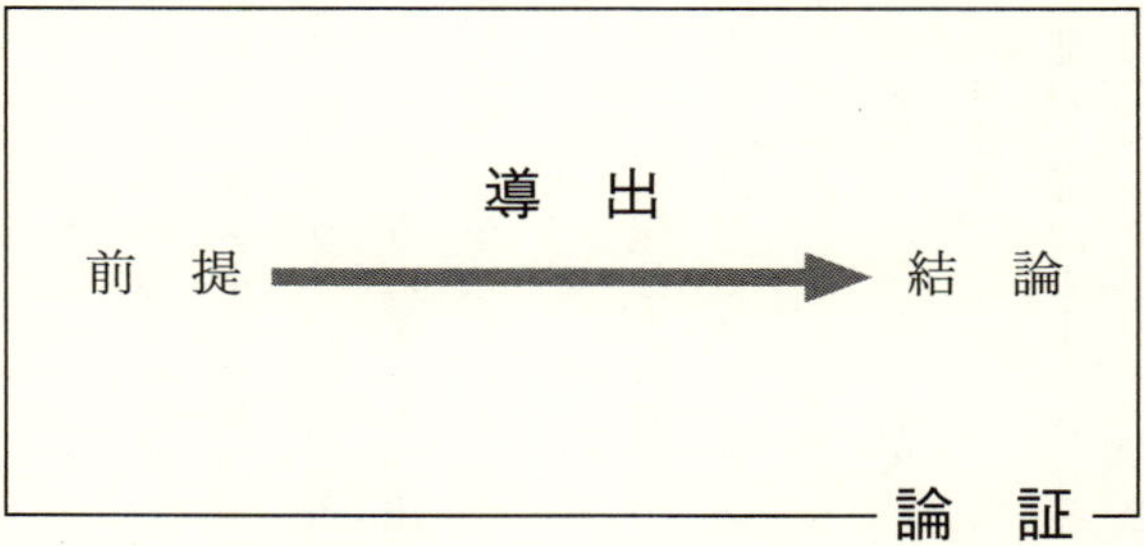

提から結論への導出が絶対確実な（前提が正しいならば必ず結論も正しくなる）もの」です。この「前提が正しいならば」というところに注意してほしいのです。そこで、いまの推論の二つの前提が正しかったとしてみます。タヌキは有袋類だとする。それから有袋類の雌のお腹にはすべて袋があるとする。この二つが、もし正しいのであれば、そりゃまあタヌキの雌のお腹には袋があるってことも、やっぱり正しくなるでしょうね。だから、これは演繹としては正しいのです。

「論証」と「導出」を区別しておいた方がよいでしょう。ある前提からなんらかの結論を導く、その全体を「**論証**」と呼ぶことにします。それに対して、前提から結論を導く過程だけを取り出して、「**導出**」と呼ぶことにします。

導出の正しさは、その前提を正しいと仮定したときにその結論が必ず導かれねばならないのかという点から評価され、前提が本当に正しいのかどうかはとりあえず棚上げにしておきます。他方、正しい論証というのは、導出が正しいだけではなくて、その前提も本当に正しいもののことです。そうすると、さっきのタヌキの論証は、導出は正しいけれども前提がまちがっているので、全体としてはまちがった論証になっていることになります。

こんなふうに論証と導出を区別することは、実はとてもだいじなことです。提示された論証の正しさを評価するときに、その区別がないと、とくにその論証がまちがっている場合、いったいその論証のどこがだめなのか、明晰になってきません。いつまでたっても気分と雰囲気で「なんかそれ、違うみたい」で終わってしまいます。前提の正しさは、たとえばタヌキは本当に有袋類なのかどうか、有袋類はすべて育児嚢をもつのかどうか、こうしたことは事実に関わることです。信頼できるひとに聞くとか、事典を調べるとか、あるいは自分で調べてみるとかして、その正しさを確かめることになります。

他方、導出の正しさはそうした事実にはいっさい関わりません。推理小説で、ただ部屋にいて調査もしないで推理だけで事件を解決してみせる探偵のことを「安楽椅子《アームチェア》探偵《ディテクティブ》」と言いますが、論理は究極のアームチェア・ワークです。どんなインチキくさい前提でもいいんです。その前提が正しいと仮定する。そこからその結論が必ず導出されるかどうか、そこに、演繹の正しさのすべてがかかっています。こうすることによって、論証を評価するさいの、事実調査の持ち分と論理の持ち分が区別されます。論理は事実調査に関わりません。

論理はことばとことばの関係を扱います。まさに、前提と結論の関係を、その関係だけを、論理は扱うのです。このあたり、論理を好きになるひととそうでないひとの分かれ目になっているのかもしれません。私はといえば、安楽椅子、嫌いではありません。

ちょっと論理力をテストしてみましょう

さて、論理学が扱うのはまさに演繹的推論です。つまり、前提が正しいなら必ず結論も正しくなる、そういう推論です。そこで、論理学の観点から言えば、「論理的なひと」とは、演繹的推論を正確に、しかもかなり複雑なものまで、正確に理解し、そして自分でも作り出せるひとのことになります。逆に、「非論理的なひと」というのは、単純に言ってそうじゃないひとのことですが、これはさらに二種類に分類できるかもしれません。

ひとつは、そもそも演繹的推論なんかしようともしないひと。これは、(あくまでも論理学の観点から言えば)論理とは無縁のひとということになるでしょう。「非論理的」というより「無論理的」とか言いたくなります。もうひとつは、がんばって演繹的推論を行うのだけれども、どうにもしょっちゅうまちがえてしまうひと。どっちがたちが悪いのでしょうね。それぞれ別のたちの悪さでしょうか。一番たちが悪いのは、まちがった演繹をしているんだけれど、自分のまちがいに気がつかず、なんだか自信たっぷりなひと、でしょうか。

と、脅かしといてなんですが、ちょっとテストしてみましょう。演繹としての正しさを判定できるかどうかという問題で、別にこれほどこったものにしなくてもよかったのですが、おもしろがって作ったらこんなになりました。どうぞ気楽に楽しんでみてください。あんがいまちがうんじゃないかなと、作った者としては少し意地悪な期待をしております。

問題　次の(1)〜(3)が演繹的推論として正しいか誤りかを評価してください。

(1)手形には為替手形と約束手形がある。いずれも有価証券である。小切手は為替手形と似た性格ももつが、その経済的機能が異なるから、手形とは区別される。だから、小切手は有価証券とはみなされない。

(2)フグの肝臓にはテトロドトキシンが含まれている。これは運動麻痺を引き起こし、重症の場合には呼吸麻痺により死亡する。しかし、フグにはテトロドトキシン以外の毒は見出されていない。だから、肝臓を取り除いて食べれば、フグも安全である。

(3)ある行為が犯罪とされるためには、その行為が刑法で定められた犯罪の型にあてはまり、かつ、正当防衛のように違法性が阻却《そきゃく》される理由もなく、かつ、その行為を為した人に責任を帰することができるのでなければならない。その観点から、たとえば借金を踏み倒すといった債務不履行を見てみると、債務不履行は刑法が定める犯罪の型には該当しない。だから、債務不履行は犯罪ではない。

さて、どうでしたか。数だけ言いますと、正しい演繹が一つ、まちがった演繹が二つです。あれ、数が違うなというひとで、しゃくだからやりなおしたいというのであれば、どうぞもう一度考えなおしてみてください。正解は解説のあと（27ページ）にまとめて書いておきます。

では、要点を説明していきましょう。まず問題を再掲しますが、よけいな部分をカットして、整理した形で示します。

(1)手形は有価証券である。
小切手は手形ではない。
だから、小切手は有価証券ではない。

私自身は手形も小切手も見たことがなくて、違いもよく分からないんですけど、まあ、それはおいといて。それで、問題ではだまされたひとも、右のように整理するとだまされないかもしれません。でも、整理してもまだよく分からないというひともいるかもしれません。どう説明しましょう。前提を認めて、その上で結論を否定してみてください。手形は有価証券で、小切手は手形ではなくて、でも小切手も有価証券で、ある、そう書き並べて、これは矛盾しているでしょうか。

手形も小切手も有価証券だけれども、手形と小切手は違う。これは別に矛盾ではありません。有価証券にもいろいろあるんだなというだけのことです。ということは、この前提を認めても結論を否定する余地があるということですから、この導出は絶対ではない。つまり、演繹としては正しくない。そうなります。

逆に、前提を認めて結論を否定したときに矛盾になる場合には、その導出は演繹として正しいと言えます。演繹の正しさをチェックするやり方として、この「前提を認めて結論を否定し矛盾になるかどうか調べる」というチェック法はかなり有効ですから、覚えておいてもよいでしょう。

(2)フグの肝臓にはテトロドトキシンが含まれている。
フグにはテトロドトキシン以外の毒は見出されていない。
だから、肝臓を取り除いて食べれば、フグも安全である。

とんでもないです。卵巣も危ないし、あと腸も危ないらしいです。どうでもいいけど、卵巣はだめでも、トラフグの白子《しらこ》、つまり精巣はだいじょうぶらしいですね。

というわけでこの論証ですが、前提はまちがっていませんが、結論は大嘘です。どこでまちがえたのか。「肝臓にはテトロドトキシンが含まれている」は「肝臓以外にはテトロドトキシンは含まれていない」ということを意味していません。別の例で言えば、「下妻市にはジャスコというスーパーがある」ということは、別に「下妻市以外にはジャスコはない」なんてことを意味したりしないわけです。

(3)ある行為が犯罪とされるためには、
①その行為が刑法で定められた犯罪の型にあてはまり、
②違法性が阻却される理由もなく、
③その人に責任を帰することができるのでなければならない。
債務不履行は刑法が定める犯罪の型には該当しない。
だから、債務不履行は犯罪ではない。

ある行為が犯罪であるために三つの条件が課されています。一番目は法律の方では「構成要件に該当する」と言われるものですが、実は借金を踏み倒すというのは刑法で定めた犯罪の型にあてはまらない、つまり構成要件に該当しないのです。ここで注意すべきは、課された三つの条件が、「すべて満たすべき」なのか「いずれかを満たすべき」なのかです。この違いはめちゃめちゃ大きい。論理学でもこれはすごく重要なことになります。いまの場合はというと、三つの条件をすべて満たして犯罪とみなされる、ということですから、そのうちのひとつが満たされていない債務不履行は、もうそれだけで犯罪ではないということになります。じゃあ借金踏み倒してもいいのかって、そうはなりません。刑法で裁かれなくとも民法で裁かれる。犯罪ではないけれど、やはり法を犯した行為とされるわけですから、借金はちゃんと返しましょう。

（というわけで、解答は、⑴誤、⑵誤、⑶正、でした。）

論理学って何のためにあるのだろう

さて、三つ問題を見てみました。できはいかがでしたでしょうか。あまりできなかったというひと、この本が少しでも役に立ってくれることを願うばかりです。実は、論理学を学んだからといってただちに論理的になれるというわけではないのですが、論理学の教科書というのはとても論理的に書かれていますから、それを読んでちゃんと理解するというのが、すごく論理のトレーニングになるんですね。いまの解説などを読んで、自分がどうまちがえていたのかをきちんと理解する。それが——そこで得た知識がというよりも、その解説を理解するために使った頭の働かせ方が——、あなたの論理力を鍛えてくれるというわけです。がんばってください。

三つとも簡単に分かったというひと、演繹的推論に関してはけっこういけてるという感じです。そういうひとはもうこれ以上この本を読む必要はないかというと、そうではない。そういうひとにこそ、読んでもらいたいのです。ほんとに。

それは、論理学とは何かということに関わります。論理学は、論理をぜんぜん知らないひとに論理を教えるものではありません。これが外国語の教科書であれば、その外国語をまったく知らないひとにゼロから教えてくれるでしょう。しかし、論理学ではそうはいかない。論理を知らないひとには、そもそも論理学の教科書が読めるはずもありません。だから、論理学の教科書というのは外国語の教科書とまったく異なるのです。むしろ母語の文法書、たとえば日本語を母語とするひとにとっての日本語の文法書のようなものと言えます。それは日本語で書いてありますから、日本語を知らないひとには読めません。それを読めるひとは一通り日本語はマスターしていて、その意味では日本語の文法も分かっています。でも、だからといって日本語の文法書なんか無意味だということにはならない。

論理学の教科書もそうです。論理を知らないひとには論理学の教科書は読めません。だから、論理学の教科書というのはある意味で知っていることばかり書いてある。でも、ひとはその「仕掛け」を知りたくなります。メカニズムと言ってもよいし、構造と言ってもよいのかもしれません。日本語をなめらかに話せるひとでも、日本語をまだあまりよく使えないひとに、「どうしてこれはだめなの」「どうしてこうしなくちゃいけないの」と尋ねられると、なかなかうまく答えられないでしょう。そうすると、なんでだろうという気になります。どうなってるんだろうと知りたくなります。論理学もそうです。

私としては、論理学というのはそのような文法の一部門だと思っています。あるいは、もう少し正確に、でもちょっと変な言い方をすれば、論理学は日本語文法の一部であり、かつ、日本語文法を越えている、そう言いたくなります。第一に、論理学は演繹的推論という、かなり限定されたことばの関係を扱いますから、それはあくまでも文法の一部です。

しかし、少なくともこの本で紹介しようとしているような現代の標準的な論理学が扱うものは、けっして日本語にかぎったものではありません。たとえば、論理学が取り上げる重要なことばのひとつに否定のことばがありますが、言うまでもなく否定は日本語に特有のものではありません。私はあまり外国語を知らないのですが、いったい否定のことばをもたないような言語ってあるのでしょうか。いずれにせよ、否定にかぎらず、論理学が取り上げることばはすべて日本語に限定されるようなものではなく、さまざまな言語に共通してみられるものになっています。その意味で、論理学は特定の言語を越えているのです。

論理学というのは、論理をすでに使いこなせているひとが、いったいこれはどうなっているのだろうという関心のもとに、それを整理し、体系だて、理論化していく、そういうものにほかなりません。ただし、この本は論理がどうもたどたどしくていけないというひとも一緒にめんどうみちゃおうと考えていますから、そういうままならないひとも、どうかついてきてください。

論理のことばたち

論理というのはことばとことばの関係ですから、どんなことばでも論理学の対象になりえます。だけど、演繹的推論という観点から見たとき、おのずとすごく重要なことばとそれほどでもないことばに分かれてきます。たとえば、先にもあげた否定語などは、演繹的推論にとって最重要語彙だと言えます。それに対して、たとえば「チワワ」なんかは論理学的にはあまりだいじではありません。もちろん「チワワ」ということばにも、それは犬だとかあまり大きくないとかメキシコのチワワの原産だとか、意味上の連関はそれなりにありますが、論理学がわざわざ取り上げるようなことばではない。

「チワワ」と比べて否定語が論理学の観点からもっている重要性というのは、ひとことで言えばその「汎用性《はんようせい》」にあります。「チワワ」はたいがいチワワの話をするときにしか使いませんが、否定語は何の話をするときでも使います。かつてアリストテレスの論理学が「オルガノン」、つまり「道具」と呼ばれたのも、その辺の事情を踏まえてのことでした。どんな学問をやるにしたって、論理学は押さえとかなけりゃいいかんだろう、というわけです。

そんなことば――生物学だろうが物理学だろうが、歴史学だろうが経済学だろうが、どんなジャンルの推論にも重要な役を果たして、もちろん日常の推論でもだいじな役どころをもっている、そんなことば――には、否定語以外にどんなものがあるでしょうか。ともかくそういうことばがあれば、それはすべて論理学の大好物です。そして実際、さまざまな語彙がそういう役割を果たしています。この本では、その中でもっとも基本的なものを取り扱いましょう。

まず否定語「ではない」があげられます。それから、接続語も否定語と並んで重要な語彙になります。接続語といってもいろいろなものがありますが、さしあたりは本当に基本的なものとして、「そして」と「または」が取り上げられます。それから、推論には欠かせないことばとして、「ならば」があります。「AならばB。A。それゆえB」なんていうのは、演繹的推論の基本中の基本です。

ここまで、否定語と接続語で、ひとつのまとまりを作ります。つまり、論理学は、このことばたちを巡ってひとつの完結した論理体系(「命題論理」と言います)を作り上げるのです。この本では、この否定語と接続語からなる論理体系の成り立ちを見ながら、論理学がどんなふうに仕事をしていくのかを、いわば実地見学していきたいと思っています。それが、続く第2章から第5章までになります。

さらにもうひと組、「すべて」と「存在する」が加わって、現代の標準的な論理学の扱う語彙がそろいます（「すべて」と「存在する」を加えた体系は「述語論理」と呼ばれます）。たとえば、「男なんてバカよ」などと言うとき、それは「すべての男がそうなのか」、それとも「そういう男もいるということなのか」（いったいそこには私も含まれるのか、いや、これはまあ……）ということをきちんと明確にしておくのは、基本的に重要なことです。（でも、そんなことを尋ね返すと「だからバカだってのよ」とか言われてしまいそうですが。）

くりかえしましょう。「ではない」「そして」「または」「ならば」「すべて」「存在する」、これらのことばが作り出す演繹的推論の全体を統一的に見通すこと、これがこの本の目標地点にほかなりません。なんだそれだけ？　そう思っていただけたらニッコリです。これだけなんです。だから、たいして複雑な体系ではありません。しかし、これがカバーする範囲というのは相当に広い。たとえば、数学は演繹的推論の権化みたいなものと言ってもよいでしょうが、数学の演繹的推論は基本的にいまあげた語彙でまかなえてしまいます。

だから、この本がめざしている論理体系を理解するということは、たんに論理学への入門ということを越えて、とても意義のあるものとなっています。さらに、私としては、ただ現代論理学の基本的体系を紹介するのではなく、なんでそういうことをするのか、どうしてそんなふうにやるのか、そうした論理学の仕事の仕方、考え方を見てもらいたいと思っています。さらにさらに、さっきも言いましたが、論理的にきっちり展開された議論を読むことによって、論理の足腰を鍛えるのにいくらかでも役立ってくれるのではないかとも、願っています。

さあ、それでは、論理のことばたちを取り上げて検討していくことにしましょう。

第2章

「否定」というのは、実は　とてもむずかしい

ひとはどういうときに否定するのだろう

「否定」というのは考えはじめるとかなりむずかしいものです。たとえば机の上に目をやると、そこにはコーヒーカップが置いてあって、コーヒーが半分入っていて、紙の束があって、その紙には何やらごちゃごちゃ書きつけてあって、パソコンがあって、等々、私たちはただそこにあるものだけを目にします。机の上をことばで描写するとき、ただ肯定形の記述だけですむように思えます。だとすれば、「否定」というのはどこで現れるのでしょうか。いや、「現れない」から「否定」なのではないか。とすると、思わず「この世界に否定なんかないんだ」と言いたくなります。そう言っちゃってから、その台詞がまさしく否定形だったと気づいて苦笑いするわけですが。

たとえば、私の机の上にはなぜか金塊がありません。いまはじめて気がつきました。なんでそんなだいじなことに気がつかなかったのだろう。まあ、理由は簡単です。いままで「机の上に金塊がある」なんて考えたこともなかったからです。そうして見ると私の机の上にはいろんなものがありません。リカちゃん人形もないし、奈良漬もない。(まことにもってつまらない。)でも、実際問題として、私はそんなこと言いたくはならない。「金塊がないぞ」とか「リカちゃん人形がないじゃないか」といった訴

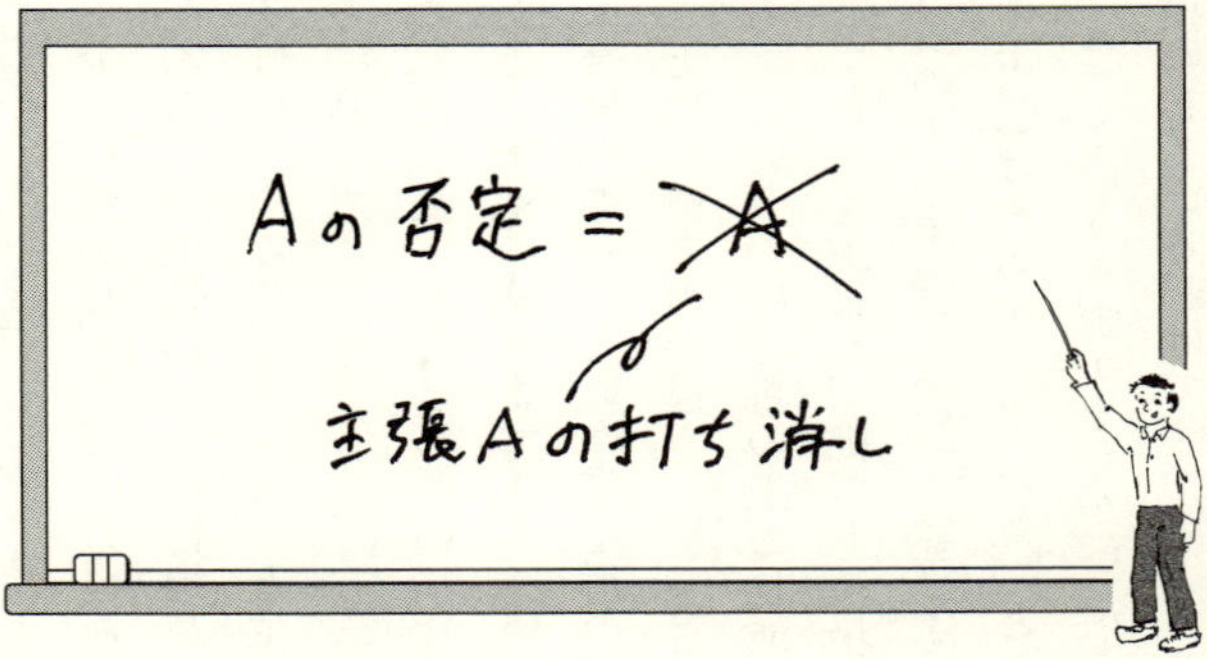

えは、そういう関心があるひとだけが発するものです。「机の上に金塊がある」という肯定形のことがらに関心があるひとだけが、「机の上に金塊がない」という否定形の主張を口にします。

このことは否定というものの正体を少し明らかにしてくれます。「机の上に金塊がある」なんて思ってもみないひとは、「机の上に金塊がない」とも思わない。「机の上に金塊があるといいな」と思っているひととか、あるいは誰かに「あなたの机の上に金塊があるわよ」とか言われたひとだけが、現実の机を見て、「ないじゃん」と思うのです。つまり、「机の上に金塊がある」という肯定形の主張がなんらかの仕方で念頭にあって、でも現実の机の状況がそれを打ち消すとき、私たちは「金塊がない」と言うのです。このような、

「主張Aの打ち消し」が「Aの否定」にほかなりません。

少しむずかしげな言い方になるかもしれないけれど、一般的に言わせてください。なんらかの主張「A」を否定して「Aではない」と正しく言えるのはどういうときか。それは、その状況で「A」と主張するとまちがいになってしまうときです。私の机の上に関して、「金塊がない」と正しく主張できるのは、いまのこの状況で「金塊がある」と主張するとまちがいになるということがはっきりしているからです。なんだかあたりまえに感じますか？　いや、ぜんぜんあたりまえじゃないんですよ。これ。「金塊がある」という肯定形の主張と「金塊がない」という否定形の主張は根本的にことばの働き方が違う、そう言ってもいいです。どう違うのか。「机の上に金塊がある」というのは、机の上の状態を描写したものです。もちろん「机の上に金塊がない」という主張も、机の上の状態を描写したものと言ってもよいのですが、しかし「机の上に金塊がない」は基本的に「机の上に金塊がある」という主張に対して、「その主張はまちがっている」と主張するものにほかなりません。「Aではない」は「A」という主張がまちがいだと訴えることを通して、いわば間接的に世界の状態を描写しているわけです。

あまりうまく言えてる気がしないので、少し脇から攻めてみましょう。机の上の状態を絵に描くことを考えてみてください。机の上にパソコンが置かれてあるところを描く。うまいへたはどうでも、まあ、描けます。じゃあ、机の上にパソコンがない絵はどうでしょうか。困ります。机を描いて、その上にパソコンを描かないでおく。そんなところでしょうか。じゃあ、机の上にリカちゃん人形がない絵はどうか。机を描いて、その上にリカちゃん人形を描かないでおく。だけどこれじゃあ、「パソコンがない」と同じです。いや実際、その絵は「机の上に金塊がない絵」でもあり、「奈良漬がない絵」でもあります。全部、同じ絵です。

なんだかなあ、というので、一工夫するとすれば、パソコンを描いて、それからそれに×をつける、なんていうのが考えられるでしょう。リカちゃん人形の場合には、リカちゃん人形をいったん描いて、それから×をつける。私は、否定というのはまさにこの×印なのだと言いたいのです。×印は、世界を写し取ったものではありません。（×印は写真にとれません。その意味で、「ないもの」を写真にとることはできない。）世界を写し取った一枚の絵に対して、私が新たに付け加えたものです。

くりかえさせてください。「Ａ」という肯定形の主張はある事実が成り立っていることを描写したものですが、他方、「Aではない」という否定形の主張は否定的な事実が成り立っていることを描写したものというよりも、「A」という主張がまちがっていると言い立てるものにほかなりません。その「A」という主張は、自分の中にあるものでも、誰か他のひとが言ったものでもかまいません。ともかく、「Aではない」は「A」という主張に対する否定的な態度を表明したものなわけです。

あたりまえどころか、けっこう悩ましかったでしょう？　でも、私の考えでは、これは私たちが「否定」で意味していることのひとつの重要な側面を説明してくれますし、また、論理学が扱う否定にも寄り添ったものになっています。**ある状況で「Aではない」と正しく主張できるのは、その状況で「A」と主張するとまちがいになるときである**――これが、論理学が扱う「否定」の意味なのです。

私はあなたのことが好きではない

ちょっとすっきりしました。でもやっぱりまだまだむずかしい。ふだん使っている私たちの否定のことばづかいは、実はもっとずっと多様な働きを見せています。

たとえば、「私はあなたのことが好きだ」を否定してみてください。何気なく否定すれば、「私はあなたのことが好きじゃない」となるでしょうし、たしかにこれは否定のひとつの形です。だけど、そうだとすると、どうも私がさっき言ったこととうまく合わなくなってくるような気がしませんか。というのも、「好きじゃない」という言い方には、「好き」というとまちがいになるという以上に、「嫌いだ」に近いか等しい意味合いが感じられるからです。たとえば、私が授業で教えている学生たちは、別に私のことを「好き」ではないだろうと私は思っています。だけど、嫌われてるともあまり思ってませんから、「私、先生のことが好きじゃありません」とか言われると、いや、ショックでしょうね。

問題点を明確にしましょう。私は、論理学が扱う否定の意味を、「ある状況で「Aではない」と正しく主張できるのは、その状況で「A」と主張するとまちがいになるときだ」と規定しました。他方、「私はあなたのことが好きじゃない」はたしかに否定形の主張ですが、しかし、「好きじゃない」という言い方は、「好きだ」と主張するとまちがいになる、という以上の意味合いをもっているように思えます。「好きじゃない」って、なんというか、もっとこう、積極的な主張でしょう。だから、私の授業に出ている学生たちは、なるほど「私は先生のことが好きだ」と言うとそりゃあ嘘になるけれども、だからといって「好きじゃない」とまでは言わないでいてくれるだろうと、先生としては思いたいわけです。これは、否定に対する私の規定の不備を示しているのでしょうか。

私の観察では、こうしたことは「好き－嫌い」のような対《つい》概念があるところで生じます。「嫌い」というのは、なるほど相手を否定するような態度ではあるでしょうが、あくまでも「肯定形」の態度になっています。だから、「好きだ」と言うとまちがいになるというだけでなく、さらに「嫌い」という事実がなければ「嫌いだ」と言うことはできません。そして、このような対概念のある場合には、「好きじゃない」と言うことによって、むしろ私たちは「好き」の対概念である「嫌い」の方向へと引っ張られるのだと考えられます。他にもたとえば「おいしい－まずい」などの場合でも、「これ、おいしくない」とか言うと、どこか積極的に「まずい」と言われている感じになるわけです。それに対して、「赤い」なんていうのは、別に対概念があるわけではなく、だから、「赤くない」ということは「赤い」と主張するとまちがいになるという以上の含みはもちません。

さて、そうだとすると、「好きじゃない」という主張は二つの部分に分解できます。

ひとつは、「好きだ」とは言えないということ。そしてもうひとつは、それに加えてさらに積極的に「むしろ嫌いだ」ということ。前者は、私が先に取り出した否定の意味です。そこで、論理学が扱う否定の意味は、この単純な、純粋な否定なのだということをはっきりさせておきましょう。それはあくまでも先に述べた規定以上のものではありません。くどいですが、くりかえしておきます。――ある状況で「Aではない」と正しく主張できるのは、その状況で「A」と主張するとまちがいになるときである。――「好きじゃない」のような否定は、この観点からすると、単純に否定だけを主張しているのではないということになります。それは「好き」の否定プラス「嫌い」の肯定の合体なのです。

ここでひとつ注意してほしいことがあります。「嫌い」のような積極的な主張だけになってしまわないように、「私はあなたのことが好きだ」に対する純粋な否定を作ると、どうなると思いますか？――思い過ごしだったらごめんなさい。多くのひとは、「好きでも嫌いでもないってことか」と思うのではないでしょうか。実は、そうではありません。ちょっとページをめくる前に考えてみてください。

「好きだ」って言うとまちがいになる場合というのは、たしかに「好きでも嫌いでもない」場合を含みますが、それだけではありません。「嫌い」のときにも、やはり「好きだ」と言うとまちがいになる。だから、「好き」の否定は「嫌い」だけじゃないし、「好きでも嫌いでもない」だけでもない。その両方をあわせたもの、つまり「好き」以外の全部、ということになるのです。「好き」の否定を「好きでも嫌いでもない」だけに限定してしまうと、「好き」が否定されると同時に「嫌い」も否定されて、純粋な「好き」の否定よりも多くのことを語ってしまうことになるわけです。

このことは、否定を捉えるときにとても重要です。「A」という主張の否定は、「A」と主張するとまちがいになる場合のすべてを含むのです。たとえば、「テングタケは赤くない」（赤いのはベニテングタケです）と言えば、「テングタケが赤い」と言うとまちがいになるという以外、テングタケの色については何も示唆していません。黄色いかもしれないし青いかもしれない（褐色ですけど）。しかし、対概念がある場合には、うかつに否定を作ると論理学の観点から取り出したい純粋な否定の形からズレてくることがあるので、要注意です。

もうひとつ、同じような、でもちょっと違う話題にも触れておきましょう。「花子が好きなのは太郎じゃない」というタイプの否定です。この場合、「花子が好きなのは太郎じゃない」と言われると、たんに「「花子は太郎を好きだ」と言うとまちがいになる」というだけではなく、「花子は太郎以外の誰かを好きなのだ」ということも示唆されるように思われます。これもまた、純粋な否定だけでなく、さらに肯定的な積極的内容が付け加わっています。その意味で、「花子が好きなのは太郎じゃない」という主張も、純粋に否定だけを述べたものではないと言うべきでしょう。

実際、このような否定はふつうに見られます。たとえば、「太郎は昨年富士山に登った」という主張を否定するときに、「太郎が昨年登ったのは富士山ではない」という形の否定を作ることもできますし、「太郎が富士山に登ったのは昨年ではない」とか「昨年富士山に登ったのは太郎ではない」という否定を作ることもできます。いずれも、たんに「太郎は昨年富士山に登った」という主張がまちがっているというだけでなく、どこがまちがいなのかにまで踏み込み、その結果、「富士山ではなくて他の山だ」とか「昨年ではなくて別の年だ」といった積極的な内容をも示唆しています。ただ単純に「A」という主張がまちがっていることを言うだけの否定よりも、むしろこうした積極的な主張をあわせもった否定の方が、ふつうかもしれません。

けっきょく、ふだん私たちが使う否定の言い方というのは、その多くが純粋に否定だけをしているわけではないようです。たいていの場合、単純に「A」という主張を打ち消すだけではなく、もっと踏み込んで積極的な内容を示唆しています。ですから、論理学が「否定」として取り上げるのは、ふつうに私たちが使っている否定表現そのものではありません。いわば吟醸酒を作るように材料を磨きこんで、ふだんの否定表現に含まれる否定の核だけを取り出すのです。ふだんの否定表現の多くはいま見てきたように「否定＋肯定」の内容をもっていますから、そこから肯定の部分を削り落として、純粋な否定の部分だけを取り出します。そしてそれは、最初に私が与えた規定になります。つまり、「A」という主張に対して、**それをともあれ打ち消すということ、そしてさしあたりそれ以上のことは言わない**。これが、私たちが取り扱いたい否定の純粋な形です。

肯定するか、否定するか、どっちかしかない？

否定をどう捉えるかということから、否定を巡る論理を実際に検討することへと進んでいきましょう。

論理学の中に、「**論理法則**」と呼ばれるものがあります。論理的に言って必ず成り

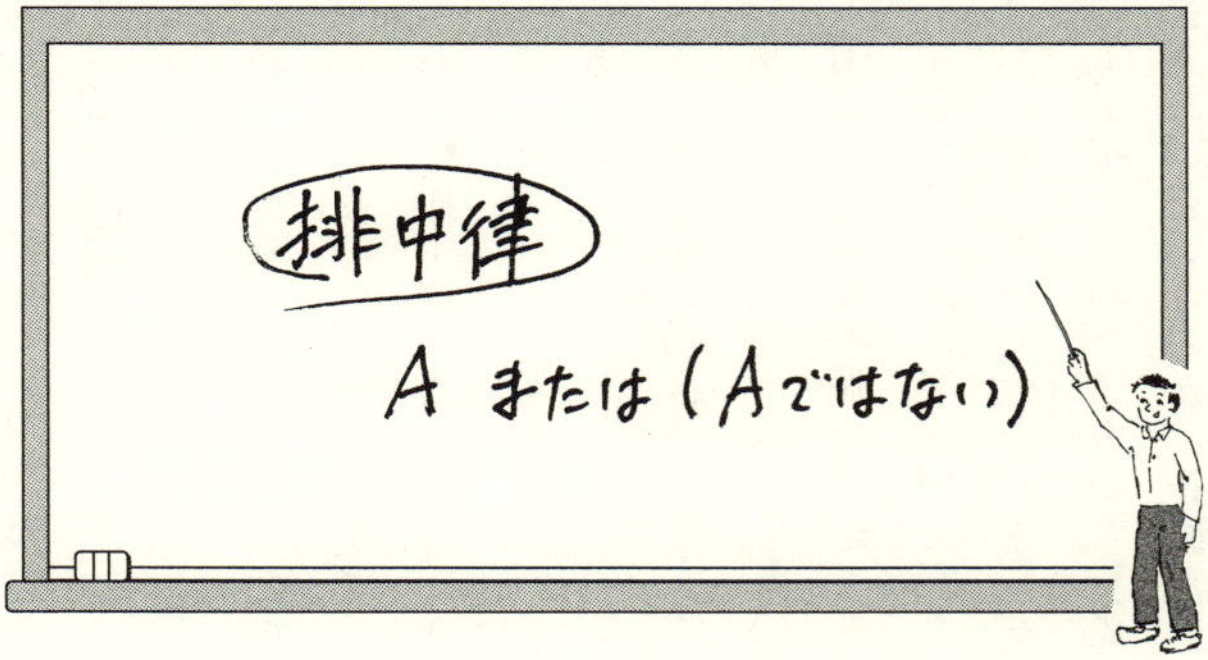

立つ命題のことです。たとえば、「Aまたは（Aではない）」なんていうのは、そのような論理法則のひとつだと考えられています。「A」か「Aじゃない」かどちらかだというので、その中間を排するというほどの意味から、「**排中律**《はいちゅうりつ》」と呼ばれています。これは、この本で紹介しようとしている現代の標準的な論理学の体系では論理法則とされるものです。ですから、私としても、「排中律は必ず成り立ちますよね」と言って先に進んでしまった方がよいのかもしれませんが、どうもなかなかそう簡単にはいきません。

いや、ほんとうに、排中律は必ず成り立つのでしょうか。たしかに、排中律はまったくあたりまえに成り立つようにも思えます。たとえば、「明日、私はお金を拾うか拾わないかどちらかだ」と言ったとして、この予想は絶対に当たるでしょう。あるいは、目の前のひとに向かって、「君は結婚しているかしていないかどちらかだ」と言えば、別に戸籍を調べなくたって、当たるに決まってます。しかし、私たちの否定に対する規定を考えると、少しあやしくなってきます。こう規定しました。「ある状況で「Aではない」と正しく主張できるのは、その状況で「A」と主張するとまちがいになるときである。」そうすると、排中律「Aまたは（Aではない）」は、その状況で「A」は正しいかまちがっているか、きっぱりどちらかだ、ということを意味します。さあ、どんな主張も、ある状況で正しいかまちがってるか、きっぱりどちらかなのでしょうか。少し首を傾《かし》げざるをえない場合があります。

まず第一に主張「A」に**あいまいな概念**が含まれる場合です。たとえば「ここは富士山だ」という主張を考えてみましょう。富士山の頂上で言えば、まちがいなく正しい主張です。逆に名古屋あたりで言えば、まちがいなくまちがった主張です（すいません、変な言い方になりました）。では、その境目はどこらへんでしょうか。はっきりしません。はっきりしないあたりでは、その主張は正しいともまちがっているとも言えないというのが、正直なところです。うるさいことを言えば、「赤い」なんていうことばだって、日常的な使い方ではあいまいかもしれません。まちがいなく「赤い」と言えるものから、たとえば「黄色い」としか言えないものまでの間には「橙色」を経由して、グラデーションがあります。「きっぱり線を引け」と言われても、自信がもてません。だとすると、「これは赤い」という主張でさえ、正しいかまちがっているか、それほどきっぱりしてはいないと言うべきでしょう。

　こうしたあいまいな概念を扱うような論理を研究するのは、興味深い、でもなかなかむずかしい論理学のジャンルを形成します。しかし、私たちがこの本でめざそうとしている論理体系は、さっきも言いましたように、排中律を論理法則として認めるものです。それはつまり、まずはあいまいでない明確な概念だけを扱うことに決める、ということにほかなりません。これはもちろんあいまいな概念なんか論理学は扱わないぞと言っているわけではありません。ただ、これから論理学をはじめようとする、そのもっとも基礎的な部分でいきなりあいまいな概念まで視野に入れるのは、誰が考えても欲張りすぎというものでしょう。そもそも論理学は学問のための道具《オルガノン》であることを期待されていたわけですから、あいまいでない明確な概念だけを念頭においていたとしても、あまり責められません。

勇気と盲腸の違い

排中律があやしく思われるもうひとつの場合を見ましょう。私としては、こちらの方をより重視したいと思っています。こんどはあいまいさの問題とは別です。だから、あいまいさについてはいったん考えないようにしてください。あいまいじゃなくても、排中律が疑わしく見えてくる、そういう場合を考えたいのです。

たとえば、「太郎は勇気がある」という主張を考えてみましょう。なるほど「勇気」ということばはあいまいですが、いまはその点は無視します。問題なのは、勇気があることを示すような特定の場面というものがあり（電車の中で酔っ払いにからまれている女性を助けるとか）、太郎がこれまでそうした場面に一度も出くわさなかったとしたら、太郎に勇気があるかどうかはまったく分からないだろう、ということです。太郎、二十二歳、これまで自分の勇気を試されるような場面に一度たりとも出会ったことがない（見ないようにしてきただけかもしれませんが）。だとすると、太郎は勇気があるともないとも言えないのではないでしょうか。もしかしたら太郎はものすごく勇気があるのかもしれない。もしかしたらからっきし意気地なしかもしれない。

この場合、排中律「太郎は勇気があるかないかどちらかだ」は成り立たないように思えます。

ついでに言えば、もし太郎が一生そういう場面に出くわさずに死んでいったとしたら、どうなのでしょうね。（そういうひと、少なくないと思います。私は、……私自身は、勇気を試される状況に立たされたことがあっただろうか。いや、ごめんなさい、思わず考えてしまいました。）もし太郎がそうして死んでいったとすれば、けっきょくのところ太郎は勇気があったのでしょうか、なかったのでしょうか。意見は分かれるでしょうし、どう答えてよいか分からないというひとが大半だと思いますが、少なくとも、排中律が当然のごとく成り立つだろうという感じがしないことまでは認めてもらえるでしょう。

排中律は、どんな状況でも「Aまたは（Aではない）」が言えると主張します。そして、「A」の否定、「Aではない」とは、その状況では主張「A」はまちがっている、というものでした。ですから、排中律というのは、つまり、「どんな状況でも、主張「A」は正しいかまちがっているかどちらかだ」というものだと理解できます。しかし、いまのような、太郎に勇気があるとかないといった場合、きっぱり正しいと言うにも、かといってきっぱりまちがっていると決めつけるにも、いわば「証拠不十分」なのです。あいまいさの問題を考えなくとも、主張「A」の正しさを決めかねる、そういう証拠不十分な状況があるだろうと言いたいのです。

他方、排中律を認める立場であれば、そうした証拠不十分さなど意に介しません。「勇気」のような事例になるとさすがに少しひるむかもしれませんが、あえて臆さずに、「太郎には勇気があるかないかどちらかだ」、それでいいじゃないか、と言ってみましょう。太郎はなるほど死ぬまで（太郎はもう死にました）勇気を試される場面に出会わなかった。しかしだからなんだというのか。もし太郎が電車の中で女性が酔っ払いにからまれているのを見たら、助けたか助けなかったかどちらかだ。それがつまり、「太郎には勇気があるかないかどちらかだ」ということの意味だ。そう言うかもしれません。これはちょうど、太郎が骨になっちゃってから（太郎は火葬されました）、もう調べようもない状況で、「太郎には盲腸があったかなかったかどちらかだ」と言うようなものです。盲腸だと、たしかに排中律が言えると私なんかも思います。そりゃあ、盲腸はあったかなかったか、どちらかでしょう。だけど、勇気の場合にはねえ……、どうも釈然としません。

私が何にこだわっているのか、分かっていただけるでしょうか。あまり入門書にふさわしくないこだわりを見せてるなあ、とわれながら思いますが、実は論理学をほんとに根本から考えていこうとするときには、最大と言ってよいくらい、だいじな問題なのです。なんたって、排中律という論理学の根本法則に関わる問題で、それを認める体系（標準的）も認めない体系（非標準的）もあるわけですが、排中律を認めるか認めないかで、その論理体系の性格が決定的に違ってきます。この本はあくまでも入門書ですから、標準的な体系を紹介していきたいと思っていますけれども、論理体系というものは標準的な体系だけではないし、そうして複数ありうる論理体系の中で排中律を認める標準的な体系を採用することが、それとともにひとつの立場（これはもう、「哲学的」な立場と言えるものです）を引き受けることでもあるのだということを、ある程度は自覚しておきたいと思うのです。

というわけで、「勇気」と「盲腸」の違いについて、もう少しだけ、こだわらせてください。その一番の違いは、人間がそれを観察するチャンスがあるかないかが、勇気や盲腸のあるなしに関係してくるかどうかです。盲腸の場合は、ひとが私の盲腸を観察するチャンスがあろうがなかろうが、私の盲腸はあるならある、ないならない、です。しかし、勇気の場合はそこが微妙なのです。この場面で排中律を拒否したくなるひとは、この点で勇気は盲腸と違う、と考えます。勇気は、ひとがそれを観察するチャンスがない場合には、あるともないとも言えないものだというのです。「勇気があるかないかどちらかだ」、それさえ言えないというのです。

いまはこの問題に決着をつけようとは思いません（たぶん決着なんかつかないでしょう）。ただ、この本では排中律を認める論理体系をめざしていますから、そのことがもっている意味をはっきりさせておきたいのです。それは、勇気がそうであるかもしれないように、人間がそれを観察するチャンスがあるかどうかにその存在が関係してしまうような、そういう存在を取り扱わないということです。これは、ひとつの言い方では、「**実在論的立場**」と言えます。問題になっているものごとに対して実在論的立場をとるということは、簡単に言って、その存在に人間の認識が関わらないということです。人間がそれを認識しようがしまいが、それは存在する。ふつうに考えれば、盲腸はそうですし、富士山も、地球も、あるいは私の机の上のこまごまとしたものたちも、そうです。これらは実在します。人間がそれを見ていようがいまいが、そこにあるものたちです。

さらに、標準的な論理体系を支える考え方では、こうして実在論的立場をとると同時に、それらをあたかも神の視点から見るようにして、捉えます。つまり、人間の認識なんていう不完全で限定したものにしばられたくないのです。かくして、「証拠不十分」なんて問題を取り上げる余地はなくなります。それに対して、排中律を拒否する立場は、「実在論的立場」に対抗して「反実在論的立場」と言ってもかまいませんが、あるいはまた、神の視点ではなくあくまでも人間の視点に立とうとする立場だと言うこともできます。キャッチフレーズ的に言うならば、この本が紹介しようとしている標準的な論理体系は排中律を認める「神の論理学」で、排中律を認めない非標準的な論理体系は、排中律を拒否する「人間の論理学」です。

私は、排中律を「どんな状況でも、主張「A」は正しいかまちがっているかどちらかだ」と書きました。このとき、あえて「状況」というぼんやりした言い方しかしませんでした。実は、この「状況」の捉え方しだいで、神の論理と人間の論理が分かれてきます。「状況」ということで、人間の視点から捉えられた限定された認識状況を考えるならば、正しいともまちがっているとも決めかねる証拠不十分な状況というものもあることになります。他方、「状況」ということで、すべてがあるかないか決まっていて、しかもそのすべてを見通すことができるような世界――神の視点から捉えられた実在世界――を考えるならば、主張「A」はその世界のあり方に照らして正しいかまちがっているかどっちかに決まっているということになるわけです。

ここまで、「勇気」だけを事例にして考えてきましたが、このような問題はさまざまな場面で姿を現します。そのもっとも重要なものは「無限」でしょう。（というか、この問題の主たる戦場はもともと「無限」に関するものでした。）たとえば円周率というのがあります。「π」というやつです。それは無限小数になって、「3.14159……」と続きます。けっして「3」で終わりではありません。その円周率に関して、こんな問いを立ててみましょう。「πの無限小数展開のうちに、7が十回続けて現れることはあるか。」いまのところそういう列は見つかっていません。だけど、無限が実在すると考えるひとは、それはもう決まっていて、「7が十回続けて現れるか、または、現れないか、どちらかだ」と言います。排中律です。

だけど、現れたときには「現れた」と言えるのでよいのですが、「現れない」というのはどうすれば言えるのでしょうか。だって、無限に続くんですよ。どこまでいっても現れない。いつあきらめればいいのか。あきらめたまさにその次に7が十個続きはじめるかもしれないじゃないですか。「πの小数展開に7の十連結は現れない」というのは、証明できないのです。でも、無限小数も実在していて、それは人間が分からないだけでちゃんと決まっているんだと考えるひとは、「現れるか現れないかどちらかだ」という排中律をここでも認めます。これはもう、たんに論理の問題ではなく、「無限」ということをどう捉えるかという根本的な問題（まさに哲学的な、形而上学の問題）になるわけです。

しんどい考察が続きました。ふりかえって、結果だけをまとめておきましょう。私たちは排中律を論理法則として認めるような標準的な論理体系を考えていくことにしますが、そのことは二つの意味をもちます。ひとつは、あいまいな概念を考えないということ。扱われる概念はすべて明確なものにかぎられます。そしてもうひとつは、ずいぶん抽象的な言い方で申し訳ありませんが、実在論的で、神の視点を想定するような立場からものごとを捉えていくということです。しかし、ここまでの議論につきあってくれた読者は、こうした結果それ自体よりも、そこにある考え方の方がずっとだいじだということを理解してくれると思います。

二回否定すると肯定になるのか？

否定が関わる論理で、排中律と同じぐらいだいじなものに、「二重否定則」と呼ばれるものがあります。二重否定というのは、二回続けて同じ主張を否定するということで、主張「A」に対して「(Aではない)ではない」という形になります。たいていのひとは、二重否定について、二回否定したんだから肯定になると考えるでしょう。またこんな奥歯にもののはさまったような言い方をすると、「え、違うの」とか言われそうですが、違うとは言いません。私たちがめざしている論理体系にも、二重否定則は含まれています。でも、二回も否定するんですよ。「バカ」と二度も言われたような、いや、それとはちょっと違うような。

「なんで？」と聞かれそうですが、二重否定則を二つに区別しましょう。理由はすぐあとに言います。ひとつは主張「A」が正しいならば、そのとき「A」の二重否定も正しい、というもの。こう書きましょう。

A ⟶ (Aではない)ではない

二重否定のない形の主張に二重否定を入れてもよいという論理法則ですから、「**二重否定入れ**」と呼ぶことにします。

もうひとつはこの逆で、主張「A」の二重否定が正しいならば主張「A」も正しい、というものです。こう書きましょう。

（Aではない）ではない ⟶ A

こちらは、二重否定を伴った主張から二重否定を取った形の主張を導いてよいという論理法則ですから、「**二重否定取り**」と呼ぶことにします。

実は、二重否定則というのはいま論じた排中律と密接につながっていて、排中律を拒否するひとは二重否定則の「入れ」か「取り」のどちらかを排中律に連動して拒否します。どちらだと思います？　「入れ」か「取り」の一方は、排中律を拒否しても別に問題なく受け入れられるのですが、もう一方は排中律と一蓮托生なのです。とりあえずは、「入れ」と「取り」を見比べて、どっちがよりやばそうか直感的に感じとってみてください。（このことが、二重否定則を二つに分けた理由です。「二重否定入れ」と「二重否定取り」、いっしょには論じられないんですね。）

さて、もう一度否定に対する規定を見ましょう。こうでした。「ある状況で「Aではない」と正しく主張できるのは、その状況で「A」と主張するとまちがいになるときである。」この規定に従って、いまの二つの二重否定則を分析していきましょう。

この規定に従うと、二重否定「（Aではない）ではない」が正しく主張できるのは、その状況で「Aではない」と主張するとまちがいになるときだということになります。あのですね、ここからしばらく、「Aではない」がまちがいだとか、「（Aではない）ではない」が正しいとか、そんなのがぼこぼこ出てきます。これ、書いてる私でさえ目がチカチカします。そこで、あらかじめ整理しておきましょう。問題になるのは次の三つです。

(1)「A」は正しい。
(2)「Aではない」はまちがい。
(3)「（Aではない）ではない」は正しい。

(2)と(3)は否定の意味からして、同じものです。だから、いまとくに考えたいのは、(1)と(2)(3)の関係です。(1)が言えていれば(2)と(3)は言えるのか。逆に(2)と(3)が言えていれば、(1)は言えるのか。

まず(1)から(2)が言えるかを見ましょう。こちらは簡単です。「A」が正しいとします。たとえば「太郎は今朝寝坊した」が正しいとする。そのとき、「太郎は今朝寝坊していない」という主張はまちがいです。一般に、「A」が正しいと分かっているとき、「Aではない」はまちがいです。つまり、(1)から(2)は問題なく言える。(2)が言えれば、否定の意味から、(3)「「(Aではない)ではない」は正しい」も言える。つまり、二重否定入れ「A─→(Aではない)ではない」は成り立つということです。

きわどいのは二重否定取りなのです。(2)から(1)が言えるか。

「Aではない」はまちがい ─→「A」は正しい ？

「Aではない」がまちがいなら、「A」が正しいんじゃないの、と思われるかもしれません。いや、ちょっと待った。その発想は排中律を前提にしています。

いいですか、ここがカンどころです。「AかAではないかどちらかだ」と決めつけているから、「Aではない」がまちがいだ、じゃあ「A」だ、ということになるのです。その決めつけをはずして、排中律を必ずしも認めないと、「Aではない」がまちがいだからといってただちに「A」だということにはなりません。

あいまいさのことを考えてみると、分かりやすいでしょう。「ここは富士山ではない」と言い切ってしまうとまちがいになるからといって、じゃあ「ここは富士山だ」と言い切ってしまってよいのか。もしそこが、富士山だと言い切ることも富士山ではないと言い切ることもまちがいになるようなあいまいな地点なのだとすれば、「富士山ではない」がまちがいだということから、じゃあ「富士山だ」と言ってしまうことはできません。その場合には、二重否定取りは成り立たないわけです。

また勇気と盲腸のことを考えてみましょう。「太郎には盲腸がない」という主張がまちがいになるのはどういうときか。それは、太郎に盲腸があるときです。それ以外考えられません。だから、「(太郎には盲腸がない)ということはない」という二重否定は、「太郎には盲腸がある」を意味します。この場合、二重否定取りは成り立ちます。でも、勇気のことを考えると、どうも私は盲腸のようにスッキリとはしなくなるのです。「太郎には勇気がない」という主張がまちがいになるのはどういうときか。もちろん、太郎が勇気を示したとき、そしてひとが太郎の勇気を認めたとき、それはそうです。だけど、それだけじゃない。そもそも勇気が試されるような場面に太郎が立ち会ったことがないとき、その場合にも、「おまえ勇気ねーな」と太郎に言うことはできません。そして、そのときには、「勇気ねーな」と言うことができないだけではなく、「勇気あるじゃん」とも言えないのです。だとすれば、勇気のような、ひとが太郎に勇気を認めることと太郎に勇気があることが結びついているような場合には、二重否定取りは成り立たないことになります。「(太郎には勇気がない)ということはない」は必ずしも「太郎には勇気がある」ことを意味しないわけです。

しかし、私たちがめざしている標準的な論理体系は二重否定則を両方とも(「入れ」も「取り」も)認めるものです。排中律を論理法則として認めるのですから、当然そうなります。そして、もう一度確認しておきますが、それはすべてがきっぱり決まっていて、証拠不十分なんてこともなく、あたかも神の視点から見通されたような世界を想定した論理になっているわけです。否定というものをきっぱりしたものと捉えるからこそ、二重否定が肯定という輪郭のはっきりした姿になりうる、そんなふうに言ってもよいでしょう。逆に、私たちがここで別れを告げようとしているもう一本の道は、人間の視点から捉えられた限定された世界の論理、ある主張に対して、正しいともまちがっているとも言えないような状況があることを認める、そんな論理にほかなりません。

私自身は、こうした「人間の論理」の道を進んでみることに共感をもっています。でも、最初のツアー・ガイドとしては、やはり標準的な体系の道を進みましょう。私がここでめんどくさいのもかえりみずに、進みもしない道を示したのは、ややもすればあたりまえともとられかねない標準的な道が、実は根本的な哲学的問題を見すえたひとつの決断、ひとつの選択になっているのだということを分かってもらいたかったからにほかなりません。二重否定取りを認めることが「神の論理」を採用することだなんて、思ってもみなかったでしょう?

矛盾の形

だいぶ息のつまる議論が続きました。ちょっと肩の力を抜いて、短い話題をはさみましょう。「矛盾」についてです。これ自身はたいへんシリアスな話題なのですが、ここでは軽く触れるにとどめます。

「世の中は矛盾に満ちている」なんて言いますが、これは論理的な意味での「矛盾」ではありません。たとえば、金持ちはその金を使ってもっと金持ちになったりする。腹立ちますが、矛盾ではありません。どうもまじめなだけじゃあ、あまりいい目にあわない、情けないですが、矛盾ではありません。どうしてあんないいかげんな男がもてて、私のような××がこんなに××なんだ、とか吠えても、まあ、それも、矛盾じゃあないです。

論理的な意味では、世の中には矛盾なんてないんじゃないでしょうか。昨夜東京湾で矛盾が発生した（しかも大型！）とか、聞いたことありませんし、意味分かりません。矛盾というのは、あくまでものごとを言語的に捉えるところで生じます。つまり、単純なものいいをするならば、矛盾は世界の側にあるのではなく、世界を捉える人間の側に生まれるのです。あるできごとと他のできごとが矛盾するのではなく、ある主張と他の主張が互いに矛盾する。「A」という主張と、それと両立しない別の主張「B」がいっしょに為されると、そこに矛盾が発生するわけです。かりに交差点で車が人間にぶつかったら車の方がはねとばされたとしても、発生したのは一種の交通事故で、矛盾ではありません。びっくりしますけど。

では、主張「A」と主張「B」が「両立しない」というのはどういうときでしょう。たとえば、「太郎はいま東京にいる」という主張と「太郎は十分前には大阪にいた」という主張は両立しないと考えられます。なぜかと言えば、「東京－大阪間を十分以内で移動することはできない」と考えられるからです。だから、ここで両立不可能とされるべきは、むしろ、「太郎は東京－大阪間を十分以内で移動した」という主張と、「東京－大阪間を十分以内で移動することはできない」という主張です。

さらに言えば、太郎が十分以内で東京－大阪間を移動したということは、「東京－大阪間を十分以内で移動することができる」ということを意味します。ですから、「太郎はいま東京にいる」という主張と「太郎は十分前には大阪にいた」という主張が両立不可能だということは、つきつめれば、「東京－大阪間を十分以内で移動することができる」という主張と「東京－大阪間を十分以内で移動することはできない」という主張の両立不可能性に由来するわけです。これは、「A」という主張と「Aではない」という主張の両立不可能性です。

「Aではない」が正しければ「A」はまちがいですし、逆に「A」が正しければ「A

ではない」はまちがいになります。だから、「A」という主張と「Aではない」という主張は、Aがどんな主張であれ、その形だけから両立不可能だと見てとれます。「A」と「Aではない」を同時に両方主張すること、つまり、**「Aかつ（Aではない）」という主張は、「矛盾」と呼ばれます。**というか、「矛盾」というのはいろいろな意味合いを帯びたことばでしょうけれども、論理学では、「Aかつ（Aではない）」という主張のかたちを「矛盾」と呼ぶのです。「矛盾」の意味がより狭く、厳格になっていると考えてください。

一般に、二つの主張が論理的に両立不可能とされるとき、そこには必ず、「Aかつ（Aではない）」という矛盾が含まれます。もし矛盾が含まれないならば、どんなに両立しがたいことに思えても、それは論理的には両立不可能ではありません。たとえば、大学受験の時期に遊びまくっていて、それでも競争率の高い難関の大学をめざしている受験生には、何か度しがたい勘違いがあるようだと、私たちとしては思わざるをえませんが、矛盾が含まれているわけではないので、論理的には両立不可能ではありません。そんなんでほんとに受かっちゃうやつがいたりするので、世の中は矛盾してると思ったりするわけですが、失礼、これは矛盾ではないのでした。

矛盾は、どんな状況でも正しい主張とはなりえません。だから、矛盾は必ず否定されます。言い換えれば、矛盾の否定は必ず正しいものとされます。これは、論理法則として認められていて、「**矛盾律**」と呼ばれます。書き出しておきましょう。

矛盾律……（Aかつ（Aではない））ということはない

こういう論理法則全般にそうですが、この「A」のところにはどんな主張でも入ります。「（太郎は大学生であり、かつ、大学生ではない）ということはない」とか「（タヌキは有袋類であり、かつ、有袋類ではない）ということはない」等々。こうした具体的な主張を全部まとめて、「（Aかつ（Aではない））ということはない」という形式のものは必ず正しい主張になりますよ、と言っているのが、矛盾律です。

矛盾律は、排中律を認めないひとでも、だいじょうぶ、認めます。たとえば、あいまいさのことを考えてみましょう。ある場所は富士山だとも富士山じゃないとも言い切れないあいまいな地点だとします。だけど、それは「富士山であり、かつ、富士山ではない」というのとは違います。あいまいな場所というのは、どちらとも言えない場所であって、きっぱり両方言い切れるというのとはぜんぜん違う。なんていうのかな、たとえばここに煮え切らない男と妙にきっぱりした男がいて、煮え切らない男は「いや、だから結婚すると言ったおぼえもないけど、結婚しないと言ったこともないわけで」とかぐずぐず言っている。他方、妙にきっぱりした男は「結婚しよう」ときっぱり言い、同時に、同じ女性に、「でも結婚しないさ」ときっぱり言うわけです。ぜんぜん違うわけです。われながらひどい説明だと思いますが、許してください。

背理は否定される

「**背理法**」という証明の仕方があります。ふつうの論証の仕方は前提から演繹的推論を経て、ほらこの結論が導かれた、と示すものですが、背理法はそれとはちょっと違います。ふつうの論証法を「**直接論証**」と呼び、背理法を「**間接論証**」と呼んで、その違いを際立たせたりもします。

背理法では、まず否定したい主張を仮定します。そしてその仮定から矛盾が導かれることを示すのです。ある仮定「A」から矛盾が導かれるのだとすれば、「A」は否定される。これが、背理法です。私が生まれてはじめて背理法を知ったのは、たぶん学校で$\sqrt{2}$が無理数だという証明を教わったときだったと思います。それまでは、残念ながら私の周りの大人たちは誰も背理法を使って論証してはくれませんでした。で、その証明では$\sqrt{2}$が有理数だと仮定するわけです。そしていくつか証明のステップがあって、矛盾が出てくる（たしか、分母の数と分子の数が、公約数をもち、かつ、もたない、というのだったと思います）。矛盾に行き着いたというので、仮定は否定されて、$\sqrt{2}$は有理数ではないと結論される。そして、実数は有理数か無理数のどちらかですから、有理数ではないならば無理数だと、こうなる。中学校だったのかなあ、なんかおもしろいと思ったのを覚えています。

　背理法というのは、こんなふうに、直接論証よりもちょっと手がこんだ感じの論証です。だけど、もしかして目ざといひとは気がついたでしょうか。これ、否定の意味そのものと言ってよいものなのです。「Aではない」と言えるのは、「A」と主張するとまちがいになるときだ、そう規定しました。背理法は、「A」を仮定して矛盾が導かれるとき、「Aではない」と結論してよい、というものです。同じでしょう？「A」を仮定すると矛盾が導かれるというのは、「A」と主張するとまちがいになるということを、より厳密に言い表したものにほかなりません。背理法というのは、とくに洗練された複雑な論証というのではなく、ある主張を否定してよいのはどういうときなのかをきちんと規定したものなのです。

否定の論理

さて、ここで扱った否定に関する論理法則をまとめておきましょう。

排中律……Ａまたは（Ａではない）

二重否定則
　入れ……Ａ→（Ａではない）ではない
　取り……（Ａではない）ではない→Ａ

矛盾律……（Ａかつ（Ａではない））ということはない

背理法……「Ａ」を仮定して矛盾が導かれるとき「Ａではない」と結論してよい

こうやって書き出すと、いかにも論理学という感じで、それなりのものに見えるのかもしれませんが、教師なんかやっていると、どうもため息なんですよね。だって、ほら、あたりまえのことばっかりじゃないですか。これ見せられて、おおそうだったのかって感心するひと、いますか？ 「目からうろこ」ってひと、いるでしょうか。あんまりいそうにありません。だけど、ここまで来るにも、けっして平坦な道ではなかったわけです。ここまでの道をふりかえって、（否定って、深いな）と、少しでもそう感じていただければ、幸いです。

第3章 「かつ」と「または」

論理と接続詞

論理とは、ことばとことばの関係の一種です。だから、ことばとことばをつなぐことばが、論理ではとてもだいじになります。とくに、論理学は演繹的推論を扱います。そして演繹的推論は前提となるいくつかの文と結論となる文の関係ですから、文と文をつなぐ接続詞が、論理学では否定と並ぶ最重要語になるわけです。

ときどき、「論理的」になるにはどうすればいいんですかなどという質問をされることがあって、この場合の「論理的」というのは演繹に限定されないもっと広い意味なわけですけど、そういう質問に対する私のひとつの答えは、「接続表現を自覚的に使おう」というものです。たとえば、論理なんかだいじじゃない気楽な雑談だと、ひとつの発言があって、それに誘われてまた別の発言がある。ひとつの話題から別の話題へのジャンプは、ほぼ連想的なもので、むしろその気ままさがいい。でも、論理的であることが要求される場面、論文とかきちんとした報告書みたいなものだと、そんな気ままさは許されません。ひとつの発言は必ずそれ以前の発言を受け、あとの発言へとつながります。(例外があります。書き出しの一文です。これは前の文を受けようがない。だから、書き出しの文というのは、すごくむずかしい。) そこで、接続詞や接続助詞のような接続表現を意識的に使うということは、こうした文のつながりを意識することに通じるわけです。

実は、私がこんなふうに接続表現を意識的に使うことに注目したのは、大学生の頃でした。といっても論理学とはまったく関係がありません。あまり自慢できることではないですが、私は授業もよくさぼってましたから、友人のノートを借りる。友人を選ばないと、何が書いてあるか分からないノートの残骸《ざんがい》みたいなものしか手に入らないのですが（ある友人は途中で字がミミズのようになっていて、なんだこれと言ったら「寝た」と言ってました）、ひとり、とても頼りになるやつがいて、彼のノートがなんと文と文をきちんと接続表現でつないでいるのですね。そのとき私は理系の学生でしたから、むしろ数式が多かったのですが、ある数式と次の数式の間に、「ところが」とか「したがって」とか書いてある。これは教師がそう書いたり喋ったりしたわけではなく、彼が補ったものです。すると、論理展開がすごくクリアになってくる。なるほどなあ、と感心したのでした。

日本語の接続表現を調べてみると、ふだん何気なく使っているけれども、実に多彩な表現があって、しかもとても微妙な使い分けが為されていたりする。それを自在に使いこなすのが、論理力アップの早道だと思うのです。でも、ちょっと話が一般的な論理の方にずれました。論理学に話を戻しましょう。論理学で扱う接続詞はとてもかぎられています。扱う接続詞がかぎられているだけでなく、たとえば、「そして」という接続詞を扱うにしても、その限定された側面しか取り上げません。

前章で否定を取り上げて論じたときに、ふだん私たちが使っている否定のことばは純粋な否定だけではなく、より積極的な内容も含んでいる、と言いました。だから、論理学が扱う否定は、日常的な日本語の否定表現に含まれる、その純粋な核みたいなものなのです。同じように、接続詞の場合も、論理学の扱い方は日常的な日本語の接続表現をそのままに取り扱うというものではなく、そこに含まれる純粋な「接続の型」を取り出すのです。

あらかじめ述べておけば、私たちがここで取り上げる接続詞は、「かつ」「または」「ならば」、この三つです。この三つの接続詞を扱うというよりは、この三つの接続の型を扱うことになります。まず、この章では「かつ」と「または」を見ていくことにしましょう。「ならば」は次の章で扱います。

「かつ」の入れ方・はずし方

最初に、論理学として、ここで何をしなければいけないと考えられているのか、それをきちんと押さえておきましょう。「かつ」などということばに対して、論理学はいったい何をやりたいのか。何をやればいいのか。

論理学の目標は、演繹的推論を整理し、体系的に捉えて、それを理論化することです。そこでいま私たちが「かつ」について見ていこうとしているのは、「かつ」が用いられる演繹的推論を十分に扱えるように、「かつ」に関わる基本的な論理を取り出しておくことにほかなりません。否定のときにやっていたことも、まさにそういうことだったわけです。そうして私たちは、否定に関わる基本的な論理法則として、排中律、二重否定則（入れと取り）、矛盾律、そして背理法を取り上げました。同じように、ここでもまず「かつ」に関わる基本的な論理法則を取り出します。

だけど、「基本的」って、どういう意味なんでしょうかね。自分で言って自分でつっこんでるのもトンマですが、「基本的」……いいかげんに使うといくらでもいいかげんになっていくことばです。こういうことばは基本的にはあまり使わない方がいいですよね。ええと。で、ここではたぶん、二つの意味で言われています。ひとつは、よく使われる論理法則。よく使われるから、その意味で「基本的」だというわけです。これはこれでだいじです。だけど、もっとだいじな意味があります。

否定のときに、排中律や二重否定取りを論理法則として認めるかどうかが、否定の意味をどう捉えるかに関わっていて、ひいてはそれが異なる論理体系につながるという話をしました。そのように、ある論理法則は、**そこで問題になっていることばが論理学でどのように規定されるかを示したもの**になっているのです。「かつ」の場合で言うと、私たちはまだ、私たちのめざしている標準的な論理体系が「かつ」という接続のことばのどういう側面を取り出して扱うのかを見ていません。それは、その論理体系が「かつ」に関してどういう論理法則を認めるかに関わっているのです。ですから、なによりもまず、私たちの論理体系で扱われる「かつ」の意味を反映した、その意味で基本的な、そういう論理法則を取り出さねばなりません。

ここにはひとつの一般的な方針があります。「かつ」を例にとって言いますが、論点は一般的です。「かつ」の意味を規定する基本的な論理法則としては、(1)「かつ」を用いた主張が、他のどういう主張から導かれるのかというタイプのものと、逆に、(2)「かつ」を用いた主張から、他のどういう主張を導けるのかというタイプのもの、

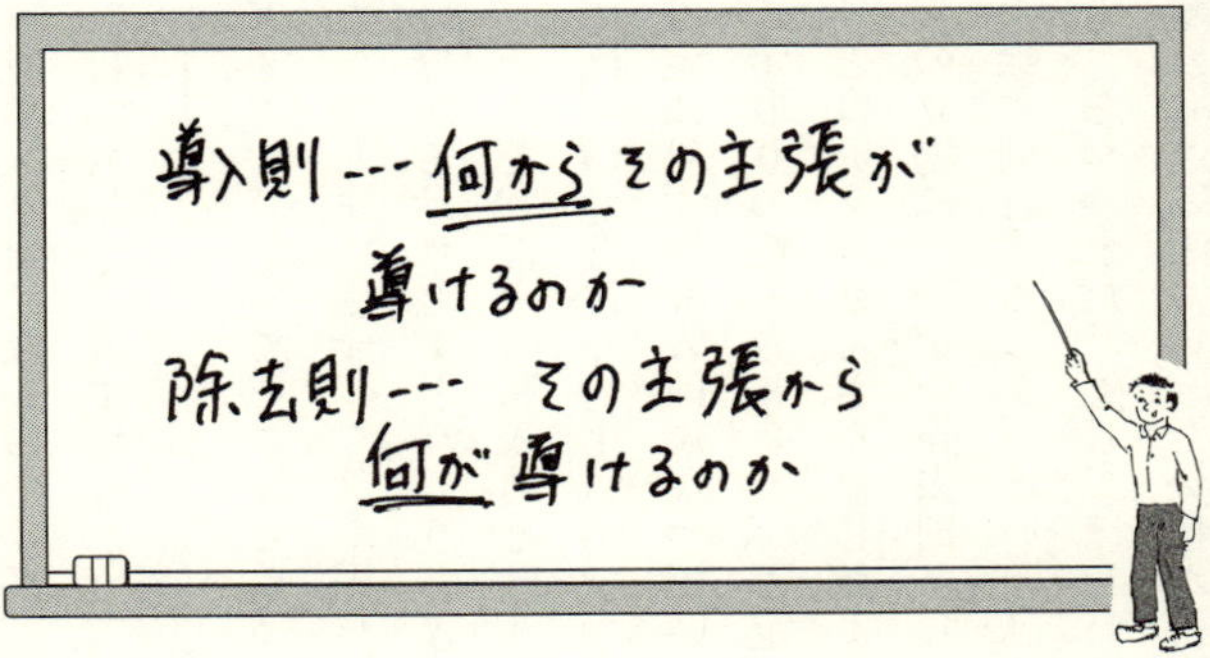
導入則---何からその主張が
導けるのか
除去則---その主張から
何が導けるのか

その組み合わせがあればいい、というのです。まだよく分からないと思いますので、もっと説明します。でも、説明する前に、名前だけつけておきましょう。前者のタイプを「**導入則**」、後者のタイプを「**除去則**」と呼びます。

「あれ？」と思ったひと、いますか。なんだか聞き覚えがあるような、ないような。そう。二重否定則のところで、「入れ」だの「取り」だの言ってたあれです。「入れ」が導入で、「取り」が除去です。「かつ」で言えば、どういうときに「かつ」を用いた主張をしてよいか、つまり、「かつ」の入った文を作れる場合を規定したものが導入則で、「かつ」の入った文から何が帰結するのかを規定したものが除去則です。

否定の場合はちょっとめんどくさいので、あまり立ち入りたくないのですが、行きがかり上、もう少し触れておきます。二重否定入れは「A──→(Aではない)ではない」で、二重否定取りは「(Aではない)ではない──→A」でした。この二つで否定の意味が取り出せているかというと、これは、ダメです。だって、これでやっていると、否定はいつも二個まとめて登場することになってしまいます。「Aが正しいときにはAの二重否定を主張してもいい」というのは分かるけれど、どういうときにAの否定を言ってよいのかが分からない。

そこで、否定の導入則と言うべきなのは、背理法になります。どういうときに「Aではない」と言ってよいか。「A」を仮定して矛盾が導かれるときである。これが、否定に対する導入則になっています。否定の除去則は二重否定取りで、背理法と二重否定取りの組み合わせで、否定の意味が規定できています。

とはいえ、さんざん論じたように、二重否定取りを認めない立場もあるわけです。その立場は、否定の除去則として二重否定取りは使えない。じゃあ、何をもって否定の除去則とするのか、という話はややこしくなるので、この話はここでおしまい。でも、ちょっとだけ感じてほしいことなのですが、二重否定取りや排中律を認めない立場からすると、いったい何が否定の除去則にふさわしいのだろう、なんてことをひねもす考えて飽きないってのは、まさしく論理学の悦楽なんですよね。
「かつ」の話に戻りましょう。ここはほとんど問題がないところですから、あっさりいきます。「AかつB」が正しく主張できるのは、AとBが両方とも正しく主張できるときです。たとえば、「太郎は富士山に登ったことがある」も「花子は富士山に登ったことがある」もどちらも正しい主張であるならば、「太郎は富士山に登ったことがあり、かつ、花子も富士山に登ったことがある」は正しい主張になるわけです。もっとふつうの言い方をすれば、「太郎も花子も富士山に登ったことがある」でしょうけれども、「かつ」という接続の形を取り出したいところなので、あえてまだるっこしい書き方をさせてください。

これを次のように書くことにします。

A、B ──→ AかつB

呼び名は、「**かつ入れ**」でいいでしょう。元気が出そうです。

逆に、「AかつB」が正しく言えているとき、「AかつB」から他のどんな主張が導かれるでしょうか。いや、尋ねるまでもありませんね。「AかつB」からは「A」という単独の主張と「B」という単独の主張をそれぞれ導くことができます。「太郎は富士山に登ったことがある、かつ、花子は富士山に登ったことがある」という主張から、「太郎は富士山に登ったことがある」と「花子は富士山に登ったことがある」という主張を単独でそれぞれ導くことができる。これが、「かつあげ」じゃなかった、**「かつ取り」**です。きちんと二つに分けてこう書くことにします。

AかつB ⟶ A
AかつB ⟶ B

もちろん、この「かつ入れ」も「かつ取り」も、それ自体はあたりまえすぎて感心してもらえるようなものではありませんし、こちらも、こんなところで感心してもらおうなんて思っちゃいません。だいじなのは、この「かつ入れ」と「かつ取り」の組み合わせ、これだけで、演繹的推論における「かつ」の役割が十分に規定されているはずだということです。つまり、演繹的推論で「かつ」が関わる部分は、この「かつ入れ」と「かつ取り」の組み合わせですべて処理できる、そういう見込みがあるのです。あとで、具体的にやってみたいと思います。そうなると、少しは「ほー」とか言ってもらえるんじゃないかと期待しています。

「かつ」の仲間たち

ところで、私自身は論理学の例文以外では「かつ」なんて語は使わないのですが、いかがなものでしょう。漢字では「且」と書きますね。いわゆる漢語調といいますか、とくに話しことばでは使いません。どんなふうに言ってるのかな、ふだん。「そして」とか「また」とか使ってるんでしょうか。あるいは、「ラーメンとギョーザ！」とか。（「ラーメンかつギョーザ」なんて言うと、へたするとラーメン、カツ、ギョーザの三品が出てきそうです。）ちょっとここで、私たちの扱っている「かつ」の特徴を捉えておくためにも、「かつ」系の他のことばを見ておくことにしましょう。

まず、「そして」。「そして」というのはかなり「かつ」に近いのですが、注意が必要です。ときに「そして」はつなぐものの時間順序をも表します。たとえば「太郎は花子の気持ちを確かめ、そして好きだと告白した」というのは、まず花子の気持ちを確かめることを先にしているわけです。もっと堂々といかんかい、というのなら、当たって砕けろ、「告白して、そして花子の気持ちを確かめた」の方が好ましいと申せましょう。「そして、ふられた」、と。

「AかつB」の場合は、「かつ入れ」と「かつ取り」を思い出してもらえれば明らかなのですが、AとBの順番は関係してきません。だから、「AかつB」が正しいなら、「BかつA」も正しくなります。しかし、時間順序の関わる「そして」だと、「AそしてB」が正しくても、「BそしてA」は正しいものとはなりません。「かつ入れ」と「かつ取り」が規定しているような「かつ」は、あくまでも無時間的で、AとBが両方成り立っているということだけを述べています。

「かつ入れ」に対応して、時間順序のある「そして」(「そして$_{\text{時}}$」と書きましょう)の導入則を取り出すとしたら、どのようなものになるでしょう。「Aそして$_{\text{時}}$B」が正しいのはどういうときか、という問題です。まず、「A」も「B」も正しくなくてはいけない。これは「AかつB」と同じです。それに加えて、「AはBに先行する」という条件が加わりそうです。つまり、「A、B、AはBに先行する ⟶ Aそして$_{\text{時}}$B」、こんな感じでしょうか。

もうひとつ、「かつ」の仲間で私がとくに気になるのは、「しかし」です。私たちはどういうときに「かつ」や「そして」ではなくて「しかし」を使うのでしょう。たとえば、「太郎は受験勉強をほとんどしなかった。しかし、合格した」というのは、やはり「そして」を使うと違和感があります。「太郎は受験勉強をほとんどしなかった。そして、合格した。」変です。この違和感は何なのでしょうか。

前の章で、矛盾律の話をしました。「A」と「Aではない」を同時に主張してはいけない。これは「しかし」でも変わりません。「太郎はいま部屋にいる。しかし、太郎はいま部屋にはいない。」何かちょっと深遠な響きさえ感じられるのがおもしろいですが、何を言ってるんだか分からないのは「かつ」のときと同じです。だけど、「しかし」の場合には両立可能性の要求が「かつ」よりも少ないのではないでしょうか。いや、もっと積極的に、「AしかしB」の場合にはそのAとBが両立しがたいものだという含みがあるのではないでしょうか。もちろん、矛盾していてはいけません。矛盾ではないのだけれど、あまりありそうにない。受験勉強をほとんどしないで合格するなんてのは、矛盾ではないけれども、あまりありそうにない。だから、「そして」だと違和感があって、「しかし」の方がしっくりくる。そういうことなのではないでしょうか。だとすると、「しかし」の導入則はこんなふうになるとも考えられます。「A、B、AとBは両立しがたい ⟶ AしかしB」。

そろそろもとの道に戻りましょう。いま道草で「そして$_{\text{時}}$」や「しかし」を少しだけ見てみましたが、私たちにとって注意しておくべきことは、それらはいずれも「かつ」という接続の型を含んでいて、プラス・アルファで「そして$_{\text{時}}$」になったり「しかし」になったりしているということです。「Aそして$_{\text{時}}$B」も「AしかしB」も、「A」と「B」がともに正しいことを必要とします。そしてまた、「Aそして$_{\text{時}}$B」や「AしかしB」が正しいならば、そこから「A」や「B」という単独の主張の正しさも導かれます。つまり、私たちの規定した「かつ」は、「かつ」の仲間たちに共通の、その中心的意味を担っていると言えるのです。

否定のときにも、ふだん使っている否定のことばは純粋な否定だけでなく、なんらかの積極的な内容もあわせもっている、と言いました。私たちのめざす論理体系は、その純粋な否定の部分だけを「否定」として取り出します。そして、これと似たようなことがここでも言えるわけです。「かつ」系のさまざまなことばは、純粋な「かつ」だけでなく、さらなるプラス・アルファをもっている。そこで、私たちのめざす論理体系は、そこから純粋な「かつ」という接続の型を取り出すのです。それが、先に「かつ」の導入則と除去則で規定したもので、**AとBがともに成り立っているということ、ただそれだけを主張する**、そんな「AかつB」です。それは、AとBの時間順序とか、AとBの両立しがたさなどについてはまったくオープンのままにしておきます。ただひたすら、AとBが両方成り立っていることだけを言うものです。

　このような純粋な「かつ」という接続の型を「**連言**《れんげん》」と呼びます。連言の規定を書き出しておきましょう。

連言の導入則（かつ入れ）………A、B ⟶ AかつB

連言の除去則（かつ取り）(1)……AかつB ⟶ A

(2)……AかつB ⟶ B

ひとが「または」と言うとき

「または」の話に移りましょう。「太郎か花子か、どっちかは富士山に登ったことがあるらしい」なんていう言い方をします。ここで取り出したい接続の型は「または」

ですから、あえて「または」を強調して書きましょう。「太郎は富士山に登ったことがある、または、花子は富士山に登ったことがある」か「花子は富士山に登ったことがある」、こうなります。「太郎は富士山に登ったことがある」「花子は富士山に登ったことがある」の少なくともどちらかは正しい、というわけです。ところで、最近はもう見なくなりましたが、以前は交通標語で「スピードか、死か！」という横断幕がかかっているのをよく見かけました。どっちか選べって、いやはや、たいへんなことになったと思ったものです。

というわけで、「AまたはB」という主張が正しいのは、「A」という主張が正しい場合か、あるいは、「B」という主張が正しい場合ですから、「または」の導入則（**または入れ**）はこんなふうに書けるでしょう。

(1) A ⟶ AまたはB
(2) B ⟶ AまたはB

しかし、こう書くと、なんか違和感が生じてこないでしょうか。

主張「A」が正しいとします。そのとき、「AまたはB」も正しいことになります。

しかし、「B」って、なんだよ、そんな声が聞こえそうです。この導入則に従えば、「B」は何でもよく、まちがった主張でも、さらには「A」とまるで無関係なものでも、かまわないわけです。たとえば、なるほど「サンマは魚だ」は正しい。そうすると、これに「またはB」と言って何を続けても正しくなる。「サンマは魚だ、または、埼玉県にはブラックホールがある。」正しい主張です。「サンマは魚だ、または、野矢は天才で超かっこいい。」書いてて超恥ずかしくなりましたが、正しい主張です。「またはは」でつながれる一方が正しいなら、もう一方はなんであれ、その「または」文の全体は正しくなる。それが、いま書いた「または」の導入則の意味するところなのです。やっぱり、違和感、違和感、ありますよね。

この違和感は、「A」が正しいとき、それに便乗して「A」とまったく無関係な「B」をそれにくっつけて「AまたはB」を作ってしまうところにあります。そもそも私たちは、「サンマは魚だ、または、埼玉県にはブラックホールがある」とか「サンマは魚だ、または、野矢はうんたら」みたいな主張なんかしたりしません。だけど、それを排除して、「太郎は富士山に登ったことがある、または、花子は富士山に登ったことがある」みたいな文だけを許すとしたら、「AまたはB」において「A」と

「B」は無関係ではなく、適当な関連性をもっていなければならないとかなんとか、新たな制限をつけなければならないでしょう。しかし、「適当な関連性」というのが何なのか、これはかなり手ごわい問題です。

ですから、ここでもまた私たちは「または」の意味の核心だけを取り出すことにします。なんであれ、「AまたはB」と主張されたとして、その主張が正しいのは、「A」が正しいか「B」が正しい場合です。そしてこのことだけを、「または」という語の導入則として取り出しておきます。それに加えて「A」と「B」は無関係じゃないかんだろうとかいうのは、難しいので、いつかまた、ということにしましょう。

こうすれば「または」は取れる

「または」の除去則はどうなるでしょうか。いままで、かつ入れ・かつ取り・または入れと、それ自体はべたなものが続きました。問題はいろいろありますが、とりあえずは一番単純ですなおなもので行こうや、ということになっています。しかし、「AまたはB」が正しいとして、そこから「A」や「B」も正しいなんてことにはなりません。「または取り」はそんなに単純にはいかないのです。

もう一度、為すべきことを確認しましょう。「または」の除去則を取り出したい。それは、「AまたはB」という形の主張が正しいときに、そこから「または」を使わない形の主張として、どのようなことが導かれるか、ということにほかなりません。こうして、導入則（どういうときに「AまたはB」が言えるか）と除去則（「AまたはB」から何が言えるか）の組み合わせを取り出すことで、私たちのことばにおける「または」の役割を見定めようというのです。

たとえば「太郎は富士山に登ったことがある、または、花子は富士山に登ったことがある」、ここから、「または」を使わないどういう主張が導かれるでしょう。じーっと見てても何も思いつきません。ちょっと無理そうです。

そこで使われるのが、「**消去法**」です。AかBかという選択肢がある。そこでAじゃないということがさらに分かる。そうするとそこからBだということが導かれる。

「太郎か花子は富士山に登ったことがあるらしい」
「太郎じゃないと思うよ」
「じゃあ、花子が富士山に登ったのか」

こんな感じですね。これが、「または」の除去則として使えます。
実は、「または」の除去則としてはもうひとつ候補があります。説明する前に、ちょっと書き出してみましょうか。こうです。

AまたはB、AならばC、BならばC ⟶ C

別れ道をイメージしてください。一方はA街道、もう一方はB街道。でも、A街道を行ってもC町に着くし、B街道を行ってもC町に着く。で、A街道かB街道のどちらかを行くわけですから、いずれにせよ必ずC町に着く。そういうわけです。あるいは、男湯ののれんをくぐろうが女湯ののれんをくぐろうがいずれにせよ中は混浴、みたいな。そうですね、「**いずれにせよ論法**」と呼びましょう。

「いずれにせよ論法」も「または」の除去則として使えます。消去法とどっちがいいでしょう。どっちでもよいのですが、私としては消去法の方を使いたい。「いずれにせよ論法」だと、AとBから共通の結論を導くところがけっこうむずかしいような気がするのですね。たとえば、太郎が富士山に登ったことと花子が富士山に登ったことの共通の帰結って、何が考えられるでしょう。「太郎か花子が富士山に登った。太郎が富士山に登ったならば私はおみやげ（こけももようかん）をもらえる。花子が富士山に登ったとしても私はおみやげ（こけももようかん）をもらえる。だからいずれにせよ、私はおみやげ（こけももようかん）をもらえる」、とか。まあ、こんな具体例を考えることもできないではないですが、こういう形の推論って、日常的にはあまりしないような気もします。むしろ、消去法の方が「または」を取る推論としてはごくふつうに私たちが行うものではないでしょうか。

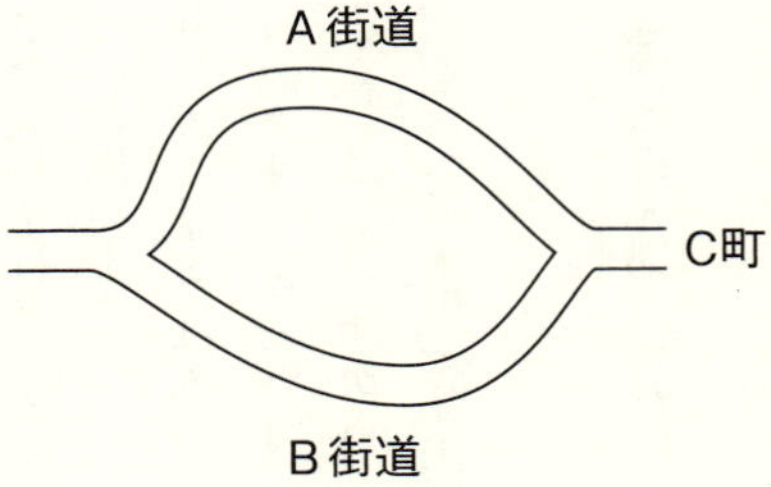

ただし、消去法を除去則として取り上げることにすると、二個必要になります。つまり、「AまたはB」で、Aを消去してBを残す場合と、Bを消去してAを残す場合です。それに対して、「いずれにせよ論法」はひとつで済みますから、ちょっとうれしい。でも、

本質的な問題ではありませんから、私としては、消去法を「または」の除去則として使いたいと思います。

こうして、「または入れ」と消去法の組み合わせで規定される接続の型は、「選言《せんげん》」と呼ばれます。「かつ」は「連言」でした。こちらは「選言」。「連なって言う」のと「選んで言う」のですから、なんとなく、「かつ」と「または」の感じは出ています。

では、選言の導入則と除去則の組み合わせを書き出しておきましょう。

選言の導入則（または入れ）

(1)……A ⟶ AまたはB

(2)……B ⟶ AまたはB

選言の除去則（消去法）

(1)……AまたはB、Aではない ⟶ B

(2)……AまたはB、Bではない ⟶ A

「かつ」と「または」を否定すれば

さて、ここまで、否定・連言・選言をそれぞれ見てきました。その導入則と除去則は、否定・連言・選言の意味を規定するという点で、基本的な論理法則です。そしてこれは、ひとつの野心を秘めたものになっています。つまり、否定・連言・選言に関する演繹的推論はすべてここで取り出した導入則と除去則を使えば証明できる、そう考えているのです。もし本当にそうなら、それはけっこうすごいことだと思いませんか。いや実際、本当に、これで否定・連言・選言に関するすべての論理法則が証明可能なのです。

証明についてきちんと説明するのは、ここで扱っている体系の全体が見えてくる第5章で行うことにしますが、私としては、いま述べた「すごさ」を少しでも感じとってもらいたいので、少し早いですけど、もう、その気分だけでも伝えるように試みてみたいと思います。ここまで述べてきた否定・連言・選言に関するけっこうシンプルな規則を用いて、それなりに複雑な論理法則の正しさが示せてしまう、そこのところをぜひ、見てください。

扱ってみたい論理法則は「**ド・モルガンの法則**」と呼ばれるものです。（ド・モルガンというのは人名で、十九世紀の数学者・論理学者です。）これはとても有名な論理法則ですし、重要なものですから、知らなかったというひとは、ここで覚えといて損はありません。まず、説明する前に、書き出しておきましょう。

(1)（AまたはB）ではない↔（Aではない）かつ（Bではない）
(2)（AかつB）ではない↔（Aではない）または（Bではない）

両矢印の意味を説明させてください。

「××↔○○」という形で書いてあるのは、二つのことをひとつにまとめたものです。ひとつは「××→○○」で、「××」が成り立つならば、そのとき必ず「○○」も成り立つということ。もうひとつは「××←○○」で、「○○」が成り立つならば、そのとき必ず「××」も成り立つということです。このように両方向の推論関係が言えるとき、「××↔○○」のように書いて、「××」と「○○」は「**論理的に同値**」だと言います。ニュアンスの違いとかそういうのを無視して、論理的な観点だけから見るならば、「××」と「○○」は同じ意味だということです。

では、ド・モルガンの法則の(1)を見てください。「（AまたはB）ではない」と「（Aではない）かつ（Bではない）」は論理的に同値だと言われています。まず、ある程度直感的に納得しておきましょう。たとえば、「太郎か花子が部屋にいる」が否定

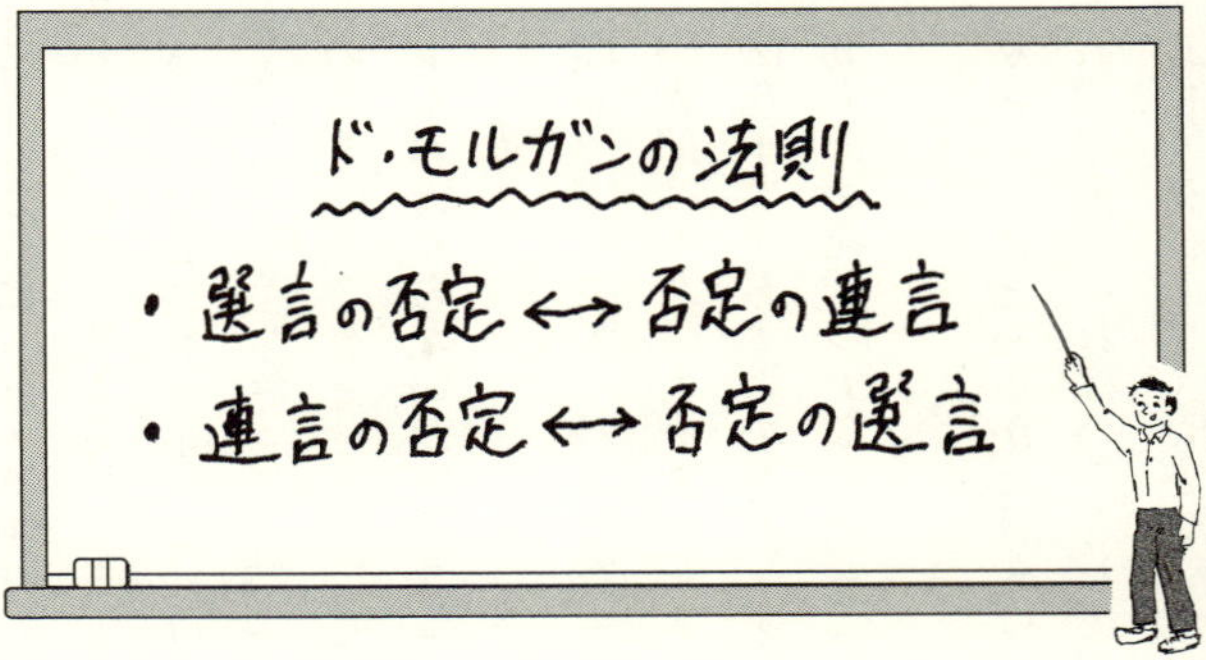
ド・モルガンの法則
・選言の否定⟷否定の連言
・連言の否定⟷否定の選言

されたとします。つまり、「(太郎か花子が部屋にいる)ということはない。」それは、「太郎も花子も部屋にはいない」ということにほかならないわけです。ひとことで言えば、**「選言の否定は否定の連言」**ということになります。

(2)は、いまの「または」と「かつ」を交換したもので、「(AかつB)ではない」と「(Aではない)または(Bではない)」は論理的には同じ意味だというわけです。たとえば「太郎も花子も二人とも部屋にいる」が否定されたとする。つまり、「(太郎も花子も二人とも部屋にいる)ということはない。」それは、「太郎か花子の少なくともどちらかは部屋にいない」ということです。これもまたひとことでキャッチフレーズ的に言ってみるならば、**「連言の否定は否定の選言」**となります。

こんなふうに、ド・モルガンの法則は「かつ」と「または」がまったく同じように扱われていて、その意味でとてもきれいな論理法則になっています。

「AまたはB」を否定するには、「A」と「B」の両方を否定しなければいけません。「AかつB」を否定するには、「A」か「B」のどちらか一方を否定すれば十分です。このことは、「または」や「かつ」でつながれた主張を否定する場合に、必ず押さえておかねばならないだいじなことです。ちょっと問題をやってみましょうか。

問題　次の主張に対する否定を、ド・モルガンの法則を用いて書き換えてください。

(1)太郎はイグアナとカメレオンを両方飼っている。
(2)花子はイグアナかカメレオンの少なくともどちらかを飼っている。
(3)太郎か花子の少なくともどちらかは、イグアナとカメレオンを両方飼っている。

私としてはどちらかと言えばイグアナの方がいいですが、でも、でかいですからね、あれ。まあ、それはいいとして、(1)と(2)はまったくすなおな確認問題です。この問題で理解を確認してください。それに対して、(3)は連言「かつ」と選言「または」がまざった複雑な形をしているので、ちょっと悩ましいかもしれません。

答えは次のページをめくったところに書いておきますが、ギリギリのところまで説明しておきましょう。(1)は、論理学的にとてもまだるっこしく書くと、「太郎はイグアナを飼っている、かつ、太郎はカメレオンを飼っている」となります。連言です。そこでこれを否定すると、「(太郎はイグアナを飼っている、かつ、太郎はカメレオンを飼っている)ということはない」になる。両方ってことはないというのだから、どっちかダメというわけです。

(2)は、「花子はイグアナを飼っている、または、花子はカメレオンを飼っている」、選言です。否定すると、「(花子はイグアナを飼っている、または、花子はカメレオンを飼っている)ということはない」となります。どっちかというのさえダメっていうんですから、両方ダメってことです。

(3)を「かつ」と「または」を使ってまだるっこしく書くと、実際、かなりまだるっこしい文になりますが、ちょっとやってみましょうか。こうなります。「(太郎はイグアナを飼っている、かつ、太郎はカメレオンを飼っている)または(花子はイグアナを飼っている、かつ、花子はカメレオンを飼っている)」。で、これを否定しろというのですから、ちょっといやんなっちゃうかもしれません。少し分解しましょう。「太郎はイグアナを飼っている、かつ、太郎はカメレオンを飼っている」をAとして、「花子はイグアナを飼っている、かつ、花子はカメレオンを飼っている」をBとします。そうすると、全体は「AまたはB」になります。そこでそれを否定すると、「(AまたはB)ではない」になる。そして、これにド・モルガンの法則を適用すると、「Aではない、かつ、Bではない」になります。

次に「Aではない」のところを見ます。Aは「太郎はイグアナを飼っている、かつ、太郎はカメレオンを飼っている」でしたから、「Aではない」にド・モルガンの法則を適用すると、「太郎はイグアナを飼っていない、または、太郎はカメレオンを飼っていない」になります。Bは「太郎」を「花子」に換えただけです。そしてこれをさっきの「A」と「B」に代入して、できあがり。

というわけで、答えを書いておきましょう。

(1)太郎はイグアナかカメレオンの少なくともどちらかは飼っていない。
(2)花子はイグアナもカメレオンも飼っていない。
(3)太郎も花子も、イグアナかカメレオンの少なくともどちらかは飼っていない。

さて、ド・モルガンの法則、頭に入りましたでしょうか。

では、私たちの規定した否定・連言・選言の導入則と除去則を使って、ド・モルガンの法則がどんなふうに導かれるのか、全部きちんとやるとたいへんですから、部分的に、せめて流れだけでも追ってみましょう。

ド・モルガンの法則を導いてみる

(1)の「選言の否定↔否定の連言」タイプのものと、(2)の「連言の否定↔否定の選言」タイプのものを両方やると、矢印の上方向と下方向のそれぞれがありますから、計四つを示さねばなりません。退屈されても困りますから、ここでは(1)の二つだけを見ることにします。

まずはここまでの導入則と除去則を全部書き出しておきます。いまのところ、これが私たちの使える道具立てのすべてです。それはもう、本当に文字通りこれだけで、これ以外のものは、当然成り立ちそうに思えることであっても、けっして使ってはいけない。この潔癖さが、すごさでもあり、またむずかしさでもあります。

否定の導入則（背理法）……………「A」を仮定して矛盾が導かれるとき、「Aではない」と結論してよい。
否定の除去則（二重否定取り）……（Aではない）ではない→A
連言の導入則（かつ入れ）…………A、B→AかつB
連言の除去則（かつ取り）(1)………AかつB→A
(2)………AかつB→B
選言の導入則（または入れ）(1)……A→AまたはB
(2)……B→AまたはB
選言の除去則（消去法）(1)…………AまたはB、Aではない→B
(2)…………AまたはB、Bではない→A

証明したいことはド・モルガンの法則の(1)「選言の否定↔否定の連言」ですが、矢印の方向に応じて、(a)「選言の否定→否定の連言」と、(b)「否定の連言→選言の否定」の二つになります。ひとつずつやりましょう。

(a)（AまたはB）ではない ―→（Aではない）かつ（Bではない）

まず、「（AまたはB）ではない」を前提します。これが出発点です。ここから、「（Aではない）かつ（Bではない）」が導かれることを示せばよいわけです。

結論は「かつ」でつながれた主張です。そこで、「かつ」を入れるためには、「Aではない」と「Bではない」を両方示せばよい。（かつ入れ）

そして、「Aではない」や「Bではない」を導くには、背理法です。

そこで「A」を仮定します。そこから「AまたはB」が導ける。（または入れ）しかし「AまたはB」は前提「（AまたはB）ではない」と矛盾します。というわけで、仮定を否定して、「Aではない」が導ける。

同様に、「B」を仮定すると、そこからも「AまたはB」が導けて、これは前提と矛盾しますから、仮定を否定して、「Bではない」が導ける。

で、最後に、「Aではない」と「Bではない」を「かつ」でつないで、「（Aではない）かつ（Bではない）」ができました。いっちょあがり。

順を追って書き出してみましょう。

「(AまたはB)ではない」を前提する。
「A」を仮定する。(背理法の仮定)
そこから、「AまたはB」が導ける。(または入れ)
これは前提に矛盾するので、仮定を否定して、「Aではない」が導ける。(背理法)
同様に、「Bではない」も導ける。
したがって、「(Aではない)かつ(Bではない)」が導ける。(かつ入れ)

次は、この逆方向の証明です。いまのゴールと出発点を入れ替えます。

(b)(Aではない)かつ(Bではない)⟶(AまたはB)ではない

こんどは「(Aではない)かつ(Bではない)」を前提して、そこから「(AまたはB)ではない」を導くことをめざします。

導きたい結論に否定があるので、背理法を使いましょう。そこで「AまたはB」を仮定する。これと「(Aではない)かつ(Bではない)」を用いて矛盾を出せばいい。

どうでしょう。見えてきませんか?

「かつ取り」して、それから、消去法です。

「(Aではない)かつ(Bではない)」をばらして、それぞれ「Aではない」と「Bではない」を導く(かつ取り)。「Aではない」と「AまたはB」から「B」を導く(消去法)。ほら、「B」と「Bではない」が両方出てきました。矛盾です。

順に書き出してみましょう。

「(Aではない)かつ(Bではない)」を前提する。

そこから、「Aではない」と「Bではない」が導ける。(かつ取り)

「AまたはB」を仮定する。(背理法の仮定)

「Aではない」と「AまたはB」から「B」が導ける。(消去法)

「B」と「Bではない」は矛盾する。

そこで仮定を否定して、「(AまたはB)ではない」が導ける。

さて、論理学の証明の雰囲気を感じとっていただけたでしょうか。でも、私たちにとって本当にだいじなのは、すでに述べたように、否定・連言・選言の導入則と除去則を用いて、ド・モルガンの法則のような論理法則が導けるということです。そしてもっと重要なことは、私たちの導入則と除去則を用いて導けるのはド・モルガンの法則だけでなく、関連する必要な論理法則すべてがこれを使って導ける。ほんとにこれだけしか使わなくてよい。このことです。

でも、これだけで否定・連言・選言に関するすべての論理法則が本当に導けるということは、どうやれば示せるのでしょう。これは、ド・モルガンの法則をひとつ証明してみせることよりもずっとすごいことです。というのも、「どんな論理法則でも証明できるぞ」ということを証明するのですから。そのような証明をきちんと与えることはこの本の範囲を越えますが、この話題はまさしく論理学という城の「本丸」に属すものですから、第5章で、私たちのめざす論理体系の全体が見えてきたときに、もっと踏み込んでお話ししたいと思っています。

第4章 「ならば」の構造

「ならば」で困った

「かつ」と「または」に並んで私たちが取り上げるもうひとつの、そして最後の接続詞は「ならば」です。しかし、正直に言いますと、どう書いてよいかいささか困っています。察しのよい読者はもうようすが分かっていて、「え？ だって、「ならば」を扱うんだったら、「ならば」の導入則と除去則を取り出して、それで「ならば」の意味を規定しておいて、それから「ならば」が関わる基本的な論理法則を見ていくんじゃないの？」とか、言うかもしれません。いや、むしろそのくらい言ってくれた方が、理想的な読者と言えます。

ここまで、私としては、論理学を作り上げていく、そのほんとうに最初の、それだけに根本的な作業の手触りを、少しでもお伝えできればいいな、と思って書いてきました。で、第4章は「ならば」の話なので、ここでも「かつ」や「または」と同じようにやろうと、もちろん思いました。私の方はもうゴールになる論理体系が頭にありますから、何を導入則や除去則として取り出せばいいかは、もう決まっているわけです。それを、なるべく私たちのふだんのことばの使用から離れずに、日常的なことばの場面からあぶりだすようにして、論理学の捉え方へと進んでいこうと考えていたのです。しかし、ふだんの「ならば」の使い方と、私たちのめざしている論理体系の「ならば」の規定が（除去則は問題ないのですが、導入則が）あまりにかけはなれていることに気づいてしまったのです。ある程度は予想していたことで、それを材料に書こうかなとも思っていたのですけれど、書きはじめようとしたら、それが予想を大きく上回るものだと分かり、「なんだこりゃ、どうなってるんだ」と、思わず呻いて立ち上がり、夜だというのに近所を散歩してしまったのです。そしてどうしたかというと、帰宅して寝てしまったのです。

だから、まずゴールを示してしまいます。「ならば」は「**条件法**」と呼ばれ、次のような導入則と除去則の組み合わせで規定されます。

導入則……「A」を仮定して「B」が導かれるとき、「AならばB」と結論してよい。

除去則……A、AならばB ⟶ B

問題は導入則「**ならば入れ**」です。「A」を仮定して「B」が「導かれる」とあります。ところで、この導入則は否定の導入則（背理法）と少しかっこうが似ています。「「A」を仮定して矛盾が導かれるとき、「Aではない」と結論してよい。」背理法でも、「導かれる」ということばが使われていました。そして、その意味は、「演繹的に推論される」という以外の何ものでもなかったのです。つまり、「A」を仮定して、そこから矛盾が演繹的に推論されてしまうときには、「A」を否定せよ、というわけです。同様に、「ならば」の導入則の場合も、そこで言われる「導かれる」は当然のごとく「演繹的に推論される」ということです。

　しかし、私たちがふだん使っている「ならば」は、その多くがそんなものじゃありません。「この電車に乗り遅れたならば、遅刻だ！」この条件法の叫びは、「この電車に乗り遅れる」ということから「遅刻する」ということを演繹的に推論したものでしょうか。「六歳未満の子どもは大人同伴でないならば、乗れない。」これは規則であって、「六歳未満の子どもで大人同伴でない」ことから「乗れない」ことを演繹的に推論するものではありません。「偶蹄目《ぐうていもく》ならば、ひづめの数は偶数だ。」これは、「偶蹄目」の定義に属することですから、その意味では演繹的推論と言えますが、いま私たちが扱おうとしている、否定・連言・選言および条件法によって成り立つような演繹的推論ではありません。

では、「導かれる」ということで何を考えているのかというと、たとえば、「「Aかつ B」から「A」が導かれる」というような「導かれる」です。このような場合に、「(AかつB)ならばA」と結論してよい、というのが、私たちがいま捉えようとしている「ならば」の導入則なのです。じゃあ、「この電車に乗り遅れたならば遅刻だ」みたいなやつをどうすればいいんだ。私はここで悩んでしまったのです。

「ならば」のはずし方

導入則が悩ましいのに対して、除去則の方には問題がありません。「AならばB」がいま述べたどの意味であっても、「AならばB」と「A」が成り立っていれば、「B」が結論できます。たとえば、「この電車に乗り遅れたら遅刻だ。あっ、乗り遅れた。ああ……遅刻だ」とか、「まだ六歳になってなくて大人と一緒じゃないなら乗れない。君はまだ六歳になってなくて大人と一緒じゃないでしょ。だから乗れないの」とか。たいそう理路整然としていて、論理的です。

「A、AならばB──→B」には、「前件肯定式」という名前がついています。「Aな

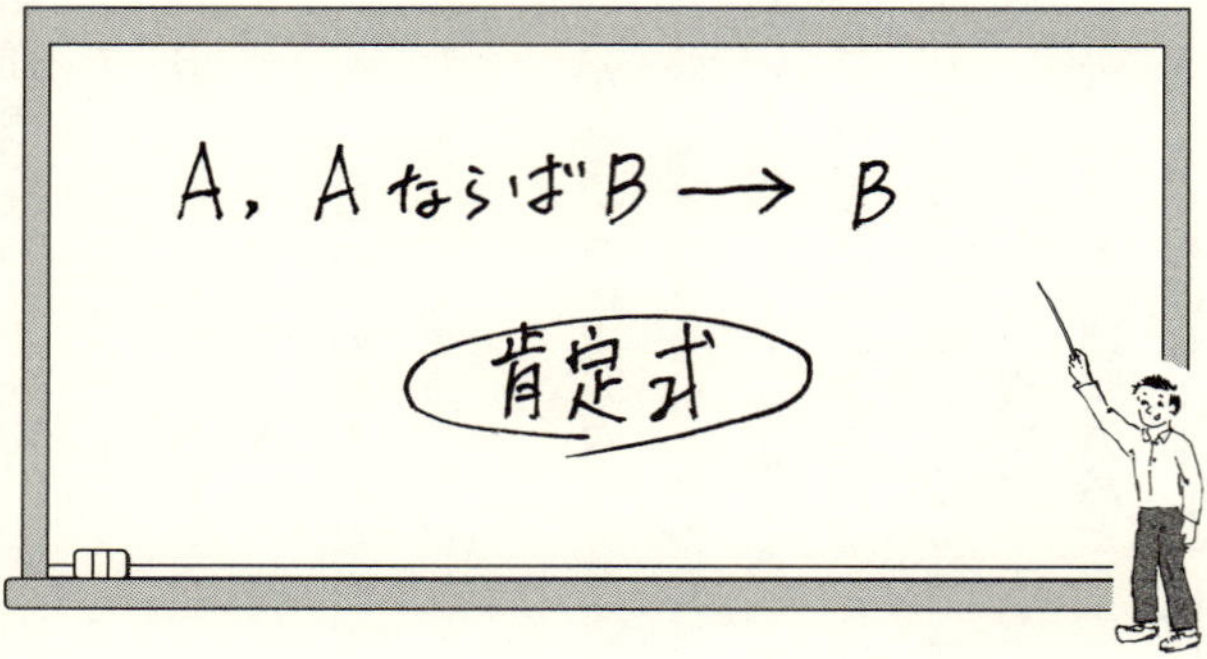

らばB」という条件文において、条件「A」の方を「前件」、帰結「B」の方を「後件」と言いますが、その前件を肯定して「B」を結論しているので、「前件肯定式」というわけです。たんに「**肯定式**」とも呼ばれますので、今後は私たちも「肯定式」と言うことにします。

確認ですが、「AならばB」だけからは、「A」と断定することも「B」と断定することもできません。「雌のコアラならば育児嚢《のう》があるはずだ」という主張は、何ものかについて、それが雌のコアラだと断定しているものではありませんし、それに育児嚢があると断定しているわけでもありません。「A」はあくまでも、条件、あるいは仮定なわけです。ですから、除去則を考えるときにも、ただ「AならばB」だけではなく、「Aならば

B」に「A」という前件の肯定を組み合わせて、「ならば」のない主張「B」を結論するのです。

導入則をどうしよう

話を導入則に戻しましょう。どう考えればよいのか。もう一度（そして何度でも）、根本に立ち返って考えてみます。私たちはいま何をやっているのか。

私たちがまずめざしている論理体系は、論理学が提供するさまざまな体系の中で、もっとも基本的なもので、否定・連言・選言そして条件法が関係する演繹的推論を体系的に捉えようというものです。名前をあらためて紹介しておきましょう。そのような論理体系は「**命題論理**」と呼ばれます。私たちはいま命題論理の標準的な体系への道を進んでいるわけです。

そこではなによりもまず、否定、そして連言、選言、条件法という接続の型を、規定します。その上で、その規定に基づいて、否定・連言・選言・条件法が関わるすべての演繹的推論を捉えたいのです。ここで、なかなか気がつかれないことですが、私たちが規定しているのは、たんに否定やいくつかの接続の型の意味だけではありません。実は、「演繹的に推論する」ということの意味をも、規定しているのです。分かりますか？　いや、何も説明してないので分からないと思うのですが、分からなくても、なんとなく、すごそうでしょ。

条件法の導入則（ならば入れ）を見てください。

「A」を仮定して「B」が導かれるとき、「AならばB」と結論してよい。

この「導かれる」の意味は何でしょうか。

たとえば、「AかつB」から「A」が導かれる（かつ取り）。だから、「ならば入れ」に従えば、「(AかつB)ならばB」と結論してよい。あるいは、「(Aではない)ではない」から「A」が導かれる（二重否定取り）。そこで「ならば入れ」に従って、「(Aではない)ではない)ならばA」と結論してよい。ここで「導かれる」とは、これら「かつ取り」や「二重否定取り」といった、私たちの論理体系（標準的な命題論理）が認めている論理法則に従って結論できるということにほかなりません。

「かつ取り」や「二重否定取り」を組み合わせて、もっと複雑な導出をしてもかまいません。たとえば、前の章で「(AまたはB)ではない」から「(Aではない)かつ(Bではない)」が導けることを示しました。ド・モルガンの法則のひとつです。そのとき、「ならば入れ」に従えば「(AまたはB)ではない)ならば(Aではない)かつ(Bではない))」が結論できることになります。

つまり、導入則と除去則は基本的に、何から何を導いてよいのかを規定しており、そのことは逆に、どういう導出がここで「演繹的推論」として認められているのかを規定していることにもなるのです。だから、たとえば排中律を認めない非標準的な命題論理の体系では、「(Aではない)ではない」から「A」は導けません。それは、その論理体系では演繹的推論とはみなされないのです。

このように見るとき、条件法の導入則(ならば入れ)はまったく独特です。これは何が演繹的推論であるのかを規定してはおらず、反対に、何が演繹的推論であるのかに全面的に依存したものとなっています。「「A」を仮定して「B」が導かれるとき、「AならばB」と結論してよい」、条件法の導入則はそのように言うわけですが、そこで言われている「導かれる」とは、「他の導入則や除去則(あるいはその組み合わせ)に従って結論できる」ということにほかなりません。つまり、条件法の導入則というのは、それが属している論理体系の演繹的推論をまるごと背中にしょって、その上で、「この論理体系でAからBが演繹的に推論できるときには、この論理体系では「AならばB」と言ってもよい」と述べているものなのです。

つまりどういうことかというと、「ならば」の導入則だけでは、まるで無内容だということです。何から何を導いてよいのかという他の規定を伴ってはじめて、「ならば」の導入則は内容をもちます。「ならば」の導入則は、単独では内容をもちえないのです。そういうことだったのか。って、書いてる本人が感心しててどうするんだっていう感じですが、なんか、すごいことが分かってしまいましたね。

さて、すごいのはいいとして、けっきょく「この電車に乗り遅れるならば」とかはどうなるのでしょう。どうも、私たちの論理体系はこのようなタイプの「ならば」の導入には関わらないということのようです。実際、「この電車に乗り遅れるならば遅刻だ」などは原因と結果の関係（因果関係）を述べたものですが、どういうときに二つのできごとの間に因果関係を主張してよいのかは、まだ哲学的にも解決を見ていないひじょうにむずかしい問題です。だから、それはよそで議論してもらうことにしよう。そんな感じでしょうか。無責任のようですが、賢明な態度とも言えます。

他方、除去則は、なんであれ主張された条件文からなんらかの帰結を導くものですから、その条件文がどうやって作られたかには関わりません。たとえば、「この電車に乗り遅れるならば私は遅刻する」という因果的な条件文でも、それと「私は乗り遅れた」を組み合わせれば、除去則を適用して「だから私は遅刻する」と結論することができます。命題論理の中で因果的な条件文を導入することはできませんが、よそで導入された因果的な条件文に対して、命題論理の「ならば」の除去則、すなわち肯定式を適用することは問題なく可能です。「六歳未満の子どもは大人同伴でないならば、乗れない」という条件文でも、それと「六歳未満で大人同伴でない」を組み合わせれば、肯定式を適用して「だから乗れない」と結論することができるわけです。

標準的な命題論理が自分のところで導入する「AならばB」は、「AからBが演繹的に推論できる」という意味にほかなりません。これを他の因果的「ならば」等々に対して、演繹的「ならば」と呼びましょう。標準的な命題論理が自前調達する「ならば」はこの演繹的「ならば」だけです。でも、いわばそれは「ならば」の外注を拒否しません。自分のところで因果的「ならば」を導入するなんて出すぎたまねはしませんが、よそで作ってきた因果的な条件文に対して「ならば」の除去則を適用することにはやぶさかではありませんし、他の否定・連言・選言に関するさまざまな論理法則をそうした因果的な条件文に対して適用することも拒みません。これは、これまでに否定や連言のところでも見てきた、「もっと豊かな意味もあるけど、ともかくどんな場合にも使われる共通の核の部分だけを取り出しておこうや」という態度に通じます。そしてそれがまた、論理学の汎用性を生み出すとも言えるでしょう。

そういうわけで、標準的な命題論理が扱う「ならば」は日常的な言語使用からすると、演繹的な「ならば」に限定されたひどく狭いものにも思われますが、それはけっして悪いことではないのです。なるほど、「ならば」全般の分析としてはまだきわめて不十分ですが、たとえば「因果」といったそれぞれの話題領域に応じた他の議論といつでもすぐに接続可能な態勢をとっていると考えれば、むしろ便利なやつだということにもなるでしょう。

「ならば」の否定

「ならば」は推論においてひじょうに重要な接続詞ですから、実用的な意味でも押さえておくべき基本的な論理法則はいくつもあります。これからそれを見てみることにしましょう。まず、「ならば」の否定から。ひとつ問題をやってみてください。

問題　「半値になっているならば、太郎はその弁当を買う」という主張の否定になっている主張を、次の①〜③の中から選びなさい。

①半値になっていても、太郎はその弁当を買わない。
②半値になっていなくても、太郎はその弁当を買う。
③半値になっているならば、太郎はその弁当を買わない。

たぶん、多くのひとが目がチカチカしたと思います。けっこうとまどうものですよね。しかも、ふだん私たちがこうしたことばを実際にどう使っているかを考えてみると、かなり微妙な感じがします。答えは次のページに書いておきます。

まず、②から見ましょう。問題は、「半値になっているならば、太郎はその弁当を買う」という言い方が、「半値になっていないならば、太郎はその弁当を買わない」ということを含んでいるかということです。やはりそれは微妙でひとによって答えが分かれるところではないでしょうか。

なんとなく、「半値なら買う」は「半値じゃないなら買わない」を含んでいるような気もしますが、しかし、たとえば、太郎が弁当を買うときの基準は安いかおいしいかどちらかだとして、安くておいしいなら最高ですが、安くなくてもおいしいならふんぱつして買うし、おいしくなくても安ければがまんして買う、という場合には、「半値なら買う」は「半値だったら味は関係なく買う」ということで、半値じゃない場合にはおいしければ買うし、まずければ買わないということですから、「半値じゃなければ買わない」と言い切ってしまうことはできないわけです。

ですから、ふだんこういう言い方をするときには、その点は多少くどくなってもきちんと言っておくべきでしょう。つまり、「半値になっていれば、太郎はその弁当を必ず買う。半値になっていないときは、買うかもしれないし買わないかもしれない」のように言うか、あるいは、「半値になっていれば、太郎はその弁当を買う。半値になっていなかったら、買わない」のように、きちんと区別して言えばよいわけです。

あ、ページが変わったので、答えを書いておきましょうか。正解は①になります。どうでしたか？

さて、私たちにとっての問題は、私たちが取り出した「ならば」に対する規定はこの点でどうなっているのか、ということです。いま問題とすべきは除去則の方です。そして、私たちが取り出した条件法の除去則は肯定式「A、AならばB→B」でした。これに従えば、Aではないときのことは何も結論できません。「AならばB」が言えているときに、さらに「Aではない」が言えたとして、そこから、じゃあ「B」だとも、じゃあ「Bではない」とも、どちらも何も分からないままです。

というわけで、少なくとも私たちが規定した「ならば」の意味に従えば、②「半値になっていなくても、太郎はその弁当を買う」は問題文の否定ではありません。さらに言えば、「半値になっているならばその弁当を買う」という主張と「半値になっていなくてもその弁当を買う」という主張は、私たちの論理体系（標準的な命題論理）では両立可能なのです。「半値になっているならば、太郎はその弁当を買う」と主張して、それに対して「半値になってなくても買ったぞ」と反論しても、「いいじゃん、別に」とか言われておしまいなのでした。

③を見ましょう。③はふつうなら問題文の主張と、少なくとも両立不可能だとみなされるでしょう。しかし、私たちの論理体系においては、これは両立可能なのです。並べて書いてみましょう。

半値になっているならば、太郎はその弁当を買う。
半値になっているならば、太郎はその弁当を買わない。

両立可能ということは、この両方とも同時に主張しても矛盾にはならないということです。両方いっしょに主張してみましょう。こうなります。「半値になっているならば、太郎はその弁当を買い、かつ、買わない。」矛盾じゃないかって？　そうではありません。「半値になっている」ならば、矛盾だと言っているのです。

どういうことか。「その弁当が半値になっている」と仮定しましょう。そのとき、あくまでもこの仮定のもとで、「太郎はその弁当を買い、かつ、買わない」という矛盾が導かれます。ということは、背理法に従って、仮定が否定されねばなりません。「その弁当が半値になっている」と仮定したら矛盾してしまうのですから、つまり、「その弁当が半値になっていることはありえない」ということです。これが、いまの主張を二つともに同時に主張したときの結論になります。なんだそれ、と思われるかもしれません。なんかブーイングが聞こえそうです。あるいは、キョトンとした顔が目に見えるような気がします。

「AならばB」と「Aならば(Bではない)」を同時に主張するとどうなるか。それは、「A」を仮定すると「Bかつ(Bではない)」という矛盾が導かれるということです。そしてそれはつまり、背理法に従って「A」が否定されるということにほかなりません。「AならばB」と「Aならば(Bではない)」を同時に主張するということは、だから、たんに「Aではない」と主張するに等しいことなのです。私たちの論理体系、すなわち標準的な命題論理に従うと、そうなります。

逆に、ふだんの言い方で、「半値になっているならば、太郎はその弁当を買う」と「半値になっているならば、太郎はその弁当を買わない」が両立不可能に思えるのは、なぜでしょうか。これはなかなかむずかしい問題です。でも、ちょっと興味をそそられてしまいましたので、考えてみましょう。

くりかえせば、標準的な命題論理で、「AならばB」と「Aならば(Bではない)」の両方が正しいとき、(背理法に従って)「Aではない」と結論されます。つまり、「AならばB」という条件文は、その条件Aが満たされることがありえない場合でも、主張できるのです。逆に言えば、Aという条件が満たされる場合には、「Aならば

B」と「Aならば（Bではない）」は、一方は「B」、他方は「Bではない」と、まったく相反する結論を導きます。私たちがこれら二つの条件文に対して両立不可能だという直感をもつのは、このように条件Aが満たされている場合のことを考えているからだと思われます。ここに、標準的な命題論理の「ならば」とふだんづかいの「ならば」の違いがありそうです。

「半値になっているならば、太郎はその弁当を買う」という条件文は、ふだんの私たちの使い方では、実際にその弁当は半値になる場合もあるのだということが前提にされています。そして実際にその弁当が半値になっている場面では、「半値になっているならば、太郎はその弁当を買う」という条件文と「半値になっているならば、太郎はその弁当を買わない」という条件文は正反対の結論を導きます。というわけで、日常的には、条件Aが満たされる場合があるということを前提にして「AならばB」や「Aならば（Bではない）」が主張されるために、標準的な命題論理と異なって、私たちはその両者を両立不可能とみなす。そういうことなのではないでしょうか。

さて、話を戻しましょう。「AならばB」の否定をどう考えればよいのか。私たちの導入則と除去則が規定する「ならば」の意味に従えば、条件Aが成り立っていないときはBであってもなくても、どうでもよいことになります。そこで、あくまでもAが成り立っているときが問題です。そして、Aが成り立っているときにBであればなんの問題もないわけですから、「AならばB」が否定されるのは、Aが成り立っているのにBではない場合ということになります。というわけで、「半値になっているならば、太郎はその弁当を買わない」①の否定は、「半値になっていても、太郎はその弁当を買う」になります。別の例も出しておくならば、たとえば、「富士山が噴火したならば、東京は壊滅する」の否定は、「富士山が噴火しても、東京は壊滅しない」になります。一般的な形で書き出しておきましょう。

「ならば」の否定……（AならばB）ではない──→Aかつ（Bではない）

対偶をとる

「AならばB」という文に対して、「（Bではない）ならば（Aではない）」をその文の「対偶《たいぐう》」と言います。「AならばB」が正しいならば、その対偶も必ず正しくなります。これは、すごくだいじな論理法則です。そして、けっこうごちゃごちゃするところです。というのも、「AならばB」に対して、「(Aではない)ならば(Bではない)」は「**裏**」と言いますが、対偶と似てるくせに、こっちは必ずしも正しくないからです。

あと、「AならばB」に対して、「BならばA」を「**逆**」と言います。「逆は必ずしも真ならず」なんてことを言いますが、論理的にはひじょうに重要な格言と申せましょう。ついでに「裏は必ずしも真ならず」って格言もぜひ後世に伝えたい。「AならばB」が正しいとき、それと連動して必ず正しくなるのは対偶だけなのです。

だいじなところですから、ひとつひとつ確認していきましょう。まず、対偶が正しいということの確認。例として、「その日が月曜ならば、博物館は休みだ」を考えましょう。対偶をとると、「博物館が休みではないならば、その日は月曜ではない」になります。そこで、次の二つの前提から何が導かれるかを考えてください。

①その日が月曜ならば、博物館は休みだ。
②その日は博物館は休みではない。

①と②が正しいとき、問題のその日は月曜日でしょうか。それとも月曜日以外でし

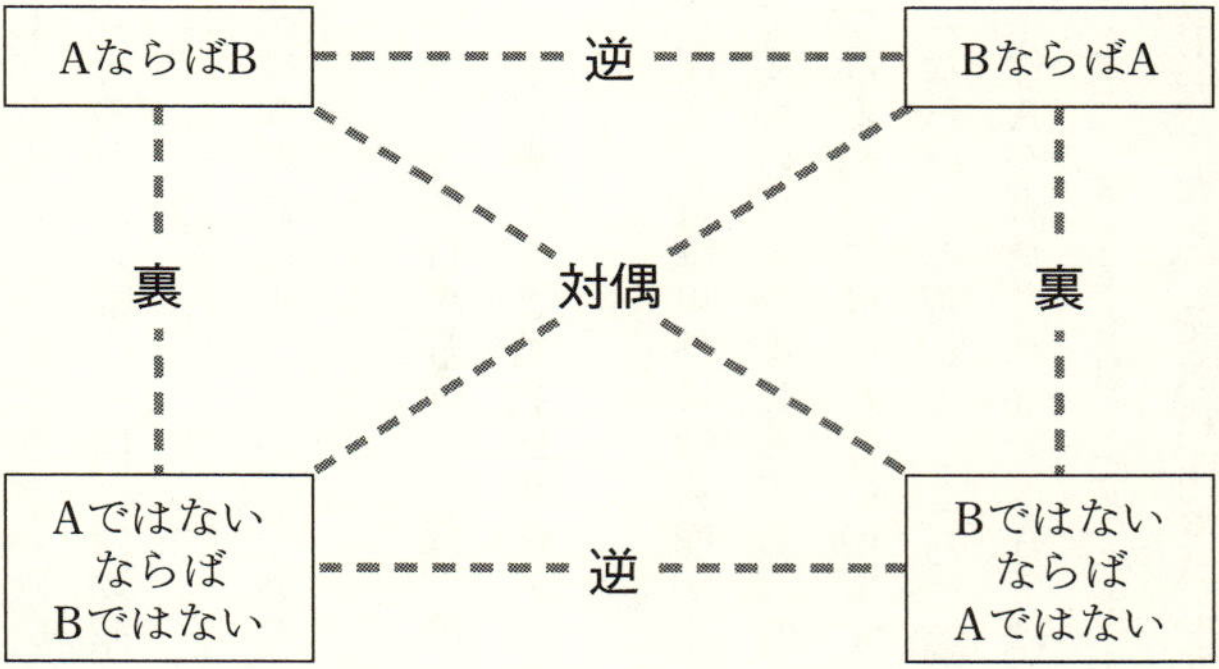

ょうか。もしその日が月曜だったら、①から、博物館は休みのはずです。しかし、②から、その日は休みではない。だとすれば、その日は月曜ではない、こう結論できます。というわけで、①が正しいときには、それと連動して、その対偶「博物館が休みではないならば、その日は月曜ではない」も正しいことになるのです。

一般的に述べれば、こうです。Aならば必ずBだと言われている。それはつまり、Bではなかったならば、Aではないということを意味している。したがって、「AならばB」が正しいならば、その対偶「(Bではない)ならば(Aではない)」も正しいものとなる。

他方、逆は必ずしも真ではありません。「AならばB」が正しくとも、その逆「BならばA」は必ずしも正しいとはかぎらないのです。

「その日が月曜ならば、博物館は休みだ」で考えてみましょう。この文の逆というのは、「博物館が休みならば、その日は月曜だ」となります。いま問題にしたいのは、次は演繹的に正しいか、ということです。

①その日が月曜ならば、博物館は休みだ。
だから、②博物館が休みならば、その日は月曜だ。

①は、月曜以外に博物館が休みの日があるかどうかについては何も述べていません。ですから、①が正しくても、博物館が休みだということから、その日は月曜だと決めつけるわけにはいかないのです。

「ならば」の否定のところで論じたように、一般に、「AならばB」という条件文は、条件Aが満たされない「Aではない」場合については何も主張していません。だから、「AではなくてもB」になる可能性は残されています。そしてその可能性がある以上、「Bだったら、それはもうAしかないでしょ」なんて決めつけることはできないというわけです。

裏も逆と同様です。「その日が月曜ならば、博物館は休みだ」の裏は、「その日が月曜ではないならば、博物館は休みではない」になります。しかし、いま見たように、月曜以外にも博物館が休みである可能性はあるのですから、「月曜なら休みだ」ということから、「月曜じゃないなら休みじゃない」なんて断定することはできません。

裏というのは、実は「逆の対偶」になっています。「AならばB」の逆は「BならばA」ですから、この対偶をとると、裏である「(Aではない)ならば(Bではない)」ができます。つまり、逆と裏は論理的には同じもの(論理的に同値)だというわけなのでした。

ここでひとつ確認の問題をやっておきましょう。ド・モルガンの法則も入っているので、注意してください。

問題　次の主張の逆、裏、対偶をそれぞれ作ってください。

六歳未満で大人同伴でないならば、入場できない。

そのまんま機械的に書けば、対偶はこうなります。

（（入場できない）ではない）ならば、（六歳未満で大人同伴でない）ではない。

「（入場できない）ではない」は二重否定を取って「入場できる」となります。

気をつけてほしいのは「（六歳未満で大人同伴でない）ではない」の部分で、これは「（六歳未満であり、かつ、大人同伴ではない）ではない」と、連言の否定ですから、ド・モルガンの法則に従って、否定の選言になります。つまり、「六歳未満ではない、または、（大人同伴ではない）ではない」。

ここで、「六歳未満ではない」は「六歳以上である」ということですし、「（大人同伴でない）ではない」は「大人同伴である」ということですから、結果として、「六歳以上であるか、または、大人同伴である」となります。

これで対偶が書けますが、以上を踏まえて、逆と裏も答えてください。

では、解答。

解答　逆　入場できないならば、（六歳未満であり、かつ、大人同伴ではない）。
　　　裏　（六歳以上であるか、または、大人同伴である）ならば、入場できる。
　　　対偶　入場できるならば、（六歳以上であるか、または、大人同伴である）。

「ならば」の連鎖

「ならば」の接続の型をもった文を複数組み合わせると、息の長い推論を作ることができます。「風が吹けば桶屋がもうかる」なんていうのは、その一例と言えるでしょう。（風が吹くと砂ぼこりが立つ。砂ぼこりが立つとそれが目に入って盲人が増える。盲人が増えると盲人は三味線を弾く（そういう仕事があった時代ということです）ので三味線が売れる。三味線が売れると三味線に使う猫の皮が必要になる（昔は猫の皮とか使ったらしいです）。猫の皮が必要になると猫がたくさんつかまえられて猫が減る。猫が減ると鼠が増える。鼠が増えると鼠が桶をかじるので桶がだめになる。桶がだめになると新しい桶を買う。新しい桶を買いに来るひとが増えるので、桶屋がもうかる。ってんで、風が吹けば桶屋がもうかる。いまとなってはよく分からない部分もおありかとは思いますが、昔はこんなことを言ったのですね。）

堅っくるしく言えば「推移律」と言います。「AならばB」と「BならばC」がともに言えるときには、Bをはしょって、「AならばC」が言えるというわけです。

推移律……AならばB、BならばC ⟶ AならばC

まあ、これだけだとさほど複雑な推論にはなりませんが、これに対偶なども組み合わせて推論を作ると、けっこう悩ましくなります。たとえば、

AならばB
(Cではない)ならば(Bではない)
それゆえ、AならばC

これが正しい演繹かどうか、ちょっと考えちゃうでしょう?
さらにド・モルガンの法則なんかも加わってくると、だいぶ複雑な推論になって、見ただけでは正しい演繹かどうか分からないかもしれません。やってみましょうか。

問題 次の推論⑴〜⑶の中から、正しい演繹的推論を選びなさい。

⑴ある行為が犯罪とされるためには、その行為が刑法が定める犯罪の型に合致し、かつ、違法であることが必要である。債務不履行は犯罪ではない。だから、債務不履行は刑法が定める犯罪の型に合致しないか、または、違法ではない。

⑵二郎か三郎が花子のプレゼントをもらうならば、太郎は花子のプレゼントをもらえない。花子からプレゼントをもらえないと、太郎は見るもあわれに意気消沈する。だから、太郎が見るもあわれに意気消沈しているのでないならば、二郎は花子からプレゼントをもらえなかったということだ。

⑶上海亭はおやじのきげんが悪いと店を開けない。上海亭がやっていないと、太郎は昼食にコンビニの弁当かカップ麺を食べる。だから、太郎が昼食にカップ麺をすすっているならば、上海亭のおやじはきげんが悪いということだ。

正しい演繹はひとつだけです。どうですか。けっこうむずかしいでしょう?

では、順に見ていきましょう。まず、(1)から。「ならば」は使われていませんが、「AであるためにはBであることが必要である」というのは、「Aが成り立っているときには、必ずBが成り立っていなければいけない」というわけですから、接続の型としては私たちが見てきた「AならばB」と同じです。そこで、問題文を「ならば」を用いて簡略化して書くと、こうなります。

①犯罪であるならば、(犯罪の型に合致し、かつ、違法である)。
②債務不履行は犯罪ではない。
だから、
③債務不履行は犯罪の型に合致しないか、または、違法ではない。

これは①の「裏を用いた推論」になってしまっています。①の裏というのはこうです。「犯罪ではないならば、(犯罪の型に合致しないか、または、違法ではない)。」

（ド・モルガンの法則「連言の否定は否定の選言」を使いました。）これと、②「債務不履行は犯罪ではない」をあわせて、そこから③「債務不履行は犯罪の型に合致しないか、または、違法ではない」を導いているのです。

しかし、裏は必ずしも真ならず、です。

ちなみに、(1)の問題文は三つともそれ自体としては正しいので、法律のことをなまじ知っているひとの方がだまされたかもしれません。前提も結論も正しいのに、演繹的推論としてはまちがっているという例になります。その意味で、ちょっと教訓的な問題だったと言えるでしょう。

(2)に移りましょう。まず、簡略化して見やすい形で書いてみます。

①二郎か三郎にプレゼントがあるならば、太郎はプレゼントなし。
②太郎にプレゼントなしならば、太郎は意気消沈。
だから、
③太郎が意気消沈でないならば、二郎はプレゼントなし。

②の対偶は「太郎が意気消沈でないならば、太郎はプレゼントあり」となります。①の対偶は「太郎にプレゼントがあるならば、二郎にも三郎にもプレゼントなし」です。（ド・モルガンの法則を使っています。）これをつなげると（推移律）、「太郎が意気消沈でないならば、二郎にも三郎にもプレゼントなし」となります。だから、③の「太郎が意気消沈でないならば、二郎はプレゼントなし」は、①と②の前提のもとで正しく演繹できます。太郎に幸あれ。

では、最後に(3)を見ましょう。これもまず、簡略化して見やすく書いてみます。

①おやじのきげんが悪いならば、上海亭はやらない。
②上海亭がやっていないならば、太郎は弁当かカップ麺。
だから、
③太郎がカップ麺ならば、上海亭のおやじはきげんが悪い。

②の逆を作ってみます。「太郎が弁当かカップ麺ならば、上海亭はやっていない。」

さらに、①の逆も作ってみます。「上海亭がやっていないならば、おやじのきげんは悪いということだ。」

もしこれら①の逆と②の逆が正しいならば、それをつなげて「太郎が弁当かカップ麺ならば、上海亭のおやじのきげんは悪いということだ」が出てきます（推移律）。そしてそうなら、③も正しいということになるでしょう。しかし、これは「逆を使った推論」になっています。逆は必ずしも真ならず、というわけで、これは正しい演繹的推論とは言えません。

以上、正解は⑵。⑴と⑶は演繹的推論としてはまちがいでした。

いまの問題で扱っていたのは、推移律、対偶、ド・モルガンの法則でした。このほかにも、論理学が扱う演繹的推論にはさまざまなものがあります。でも、日常的に為される演繹は実のところそれほど多彩ではありませんし、まちがうポイントということになれば、かなり限られてきます。ここで見てきた「逆を使った推論」と「裏を使った推論」は、演繹におけるまちがい多発ポイントの最大のものと言えるでしょう。この点に注意するだけで、日常的な演繹のまちがいは相当減らせるはずです。

他方、相手のまちがいを誘わないためにも、逆や裏の可能性については、きちんと明示して発言すべきでしょう。日常のことばづかいはかなり柔軟で、発言の状況に依存していますから、「ならば」という接続の型をもった日常のさまざまな主張も、発言内容や状況によっては逆や裏も正しく言えるようなものである場合があります。ですから、逆や裏は言えないような型の「ならば」を使っているのだということをはっきりさせたいときには、多少くどくなっても、逆や裏は言えないということをちゃんと言い添えておくべきでしょう。

第5章 命題論理のやり方

私たちはいまどのあたりにいるのか

論理学のやりたいことは、私たちが行っている演繹的推論のすべてを体系化することです。あ、いきなり、はるかかなたの目標を言ってしまいました。それはもう、日常的な推論であれ、自然科学の推論であれ、数学の推論であれ、なんでもとにかく演繹と呼びうるものならばすべてがターゲットになります。とはいえ、そんなことを最初っから口走ってもしょうがない。最初の一歩はどこがよいか。というわけで、なによりもまず否定（「ではない」）を見ました。これがすでにしてなかなか難物だったのですが、ともあれ、否定に対する標準的な捉え方を押さえて、それからさらに進んで、文と文を接続する型として、連言（「かつ」）・選言（「または」）・条件法（「ならば」）を見てきました。いろいろありましたけれど、それぞれについて導入則と除去則の組み合わせを規定してきたわけです。

これら、否定・連言・選言・条件法によって成り立つ演繹的推論を扱う体系は、すでに述べたように、「**命題論理**」と呼ばれます。文を否定したり文と文を接続したりする論理を考えるので「文論理」と呼んでもよいのですが、疑問文や命令文まで扱うわけではなく、平叙文の形で何ごとかを主張したものだけを扱いますから、多少限定して「命題論理」と呼ぶわけです。ここでは「命題」とは「何ごとかを主張した文」と同じ意味だと思ってください。せっかくですから、私たちもこれから「命題」という言い方を使っていくことにしましょう。

さて、命題論理という体系を作り上げるために、否定・連言・選言・条件法の導入則と除去則を与えてきたわけですが、これで本当にうまくいっているのかどうかということが、次に問題になります。いや、ちょっと待って。そもそも、ある論理体系が「うまくいっている」というのは、どういう意味なのでしょう。うーむ、実に根本的な質問です。だけど、やっぱりそこから考えていかなくちゃいけません。「うまくいってる論理体系」とはどういうもののことで、「しくじっちゃった論理体系」というのはどういうものなのか。

漠然とした答えならば、これまでにも述べてきました。私たちの規定した導入則と除去則によって、否定・連言・選言・条件法を用いた演繹的推論のすべてが実際に取り扱えているならば、この私たちの論理体系はうまくいっているわけです。しかし、これはいざ本気で考えはじめると、かなりむずかしい問題なのです。

本腰を入れて考えてみる前に、少しだけようすを探ってみましょう。たとえば、次の二つを見てください。

(1) AまたはB──→BまたはA
(2) AまたはB──→A

(1)の「AまたはB──→BまたはA」は当然成り立ってほしいものですが、(2)の「AまたはB──→A」は、逆に、成り立ってほしくないものです。ですから、いま私は「否定・連言・選言・条件法を用いた演繹的推論のすべてが取り扱えること」と言いましたが、そこで取り扱われる「すべて」の中には、(1)は含まれますが(2)は含まれないはずです。でも、その差別の基準は何なのでしょう。

だって「AまたはB──→BまたはA」が成り立つだろうってことは見れば一目瞭然だし、逆に「AまたはB──→A」がダメだってことも見れば明らかじゃないか、と言われるでしょうか。これに対しては、二つのことを言わせてください。

ひとつは、見て明らかなものばかりではないということです。たとえば、「(AまたはB)ならば(CならばA)または(AまたはB)」なんていうのはどうでしょう。これは当然成り立つべきものだと思いますか？　ぜんぜん一目瞭然じゃないですよね。（ちなみに、これは当然成り立つべきものです。）だから、ひとつひとつじーっと見て、これは成り立つ、これはダメと、まるでヒヨコのオスとメスを選り分けるみたいなことしたってしょうがない。いま私たちが作っている標準的な命題論理の体系ではどの演繹的推論が取り扱えるべきなのか、その範囲を一般的に規定しなければならないのです。

それからもう一点。たとえば排中律「Aまたは（Aではない）」の問題があります。標準的な命題論理では、排中律は成り立つべき論理法則とされますが、しかし、前に見たように、排中律なんかダメだという立場もあるわけです。そのことを考えると、ますます「見れば一目瞭然」なんて気楽なことを言っているわけにはいきません。私は、この問題のむずかしさにいささか呆然とします。

くりかえしましょう。私たちは、私たちが立ててきた導入則と除去則からなる体系が「うまくできている」かどうかを確かめたい。それはつまり、私たちの体系が、扱うべき範囲をきちんとカバーしているかどうかということです。そこで、その「扱うべき範囲」を明確にするための一般的な基準が必要だ。これがいま私たちが立っている地点にほかなりません。

回り道をさせてください。扱うべき範囲という問題は、ここでいったん棚上げにしておきます。そして、私たちの体系がたとえばド・モルガンの法則を「扱う」とはどういうことなのか、その点からはっきりさせていくことにしましょう。

証明するとはどういうことか

まず、私たちの作ってきた命題論理の体系（標準的な命題論理の体系）をもう一度確認しておきましょう。私たちの与えた導入則と除去則の組を次のページをめくったところに列挙しておきます。（これからいくつか証明を見ていきます。そのときこのページを参照してほしいので、どうぞ付箋か何か貼っておいてください。）

単純に言って、否定・連言・選言・条件法について、それぞれ導入則と除去則の対が立てられているわけです。これに対して、たとえばド・モルガンの法則というのは、いくつかありましたがそのひとつを取り上げるならば、「（AまたはB）ではない→（Aではない）かつ（Bではない）」などがそうでした。そこで、私たちとしては、私たちの導入則と除去則の組み合わせを使えばこれが正しい論理法則であることが示せる、そう言いたいのです。そこで、証明してやることになります。これが、私たちの論理体系がド・モルガンの法則を「扱える」ということの内実にほかなりません。それは、「私たちの立てた導入則と除去則を用いればド・モルガンの法則を証明することができますよ」、ということなのです。

そこで、実際にいくつか証明をしてみましょう。論理学において「証明する」とはどういうことなのか、その考え方と感触を体験してほしいのです。それは非日常的に厳格な証明です。でも、いきなりド・モルガンの法則の証明とかやると、たいへんでしょうから、もっと簡単な例で見てみたいと思います。とはいえ、ある意味ではド・モルガンの法則よりもむずかしいかもしれない。どういう意味でかって？　それは、まあ、やってみましょう。証明してみたい論理法則はこれです。

(Aではない)ではない)かつB──→AかつB

「□──→△」という形の推論において、□に入る命題が「前提」、△に入る命題は「結論」です。いま問題にしたい推論の場合には、「((Aではない)ではない)かつB」が前提で、「AかつB」が結論です。つまり、一般に「□──→△」とは、□を前

標準的な命題論理の体系

否定の導入則（背理法）……………「A」を仮定して矛盾が導かれるとき、「Aではない」と結論してよい。

否定の除去則（二重否定取り）……（Aではない）ではない→A

連言の導入則（かつ入れ）…………A、B→AかつB

連言の除去則（かつ取り）(1)……AかつB→A

(2)……AかつB→B

選言の導入則（または入れ）(1)……A→AまたはB

(2)……B→AまたはB

選言の除去則（消去法）(1)……AまたはB、Aではない→B

(2)……AまたはB、Bではない→A

条件法の導入則（ならば入れ）……「A」を仮定して「B」が導かれるとき、「AならばB」と結論してよい。

条件法の除去則（肯定式）…………A、AならばB→B

提にして、そこから△を結論してよい、ということです。

そこで、「((Ａではない)ではない)かつＢ→Ａかつ Ｂ」を証明するには、まず「((Ａではない)ではない)かつＢ」を前提として立てて、そこから「Ａかつ Ｂ」を結論として導いてやることになります。そしてそれはどういうことかといえば、私たちの立てた導入則と除去則を用いて、この前提からこの結論を実際に導き出してやるということです。

ここでめちゃめちゃだいじなことなのですが、自分たちで規定した導入則と除去則以外のものは勝手に使ってはいけません。「ではない」とか「かつ」「または」「ならば」といったことばを用いているので、ふだんのことばの使い方が混入するおそれがありますけれども、私たちはこれらのことばの意味を、ただ私たちが規定した導入則と除去則によってのみ、与えたのです。日常的にはもっと豊かな意味をもっていることばですが、その核心にあるひとつの限定された意味を、私たちは取り出してきたのです。だから、ここで与えた規定を越えて、たんに「だって、よさそうじゃん」とか言ってこの規定にないことをもちこんではいけないわけです。

前提　((Aではない)ではない)かつB

↓　否定・連言・選言・条件法の導入則と除去則だけを用いて導く

結論　AかつB

さて、どうでしょう。「あ、かんたん」と思ったひと、いませんか。「二重否定取り」で、「(Aではない)ではない」から「A」が導ける。一発。おしまい。

そこが、ある意味でむずかしいと言ったところなのです。「二重否定取り」は、「(Aではない)ではない」から「A」を導いてよいと言っていますが、「((Aではない)ではない)かつB」のように、「かつB」がくっついている場合にも二重否定をはずしてよいなんてことは言っていません。それが、「二重否定取り」に忠実に従うということなのです。柔軟に対処したり、融通をきかせたりしません。「(Aではない)ではない」→「A」とは言っているけれども、「((Aではない)ではない)かつB」→「AかつB」とは言っていない。だから、証明が必要。愚直というか、バカというか、いえいえ、これが論理学の厳格さというものです。「なんだかなあ」と思ったひと、まだまだ甘いと言わざるをえません。

むずかしいだろうことを承知で言います。私たちの与えた規定を文字通り受け取り、それ以外の、ふだんの否定や「かつ」の使い方はすっぱり忘れてください。ここでやりたいことは、私たちが与えた導入則や除去則の規定という限定された出発点から、否定と接続に関するさまざまな演繹的推論を証明してみせるということです。だから、いくらあたりまえと思われても、その限定された出発点をきっちり守らなければ意味がありません。歯をくいしばって、頭をフル回転させて、亀のようにじわり、じわりと歩む。むずかしいです。

とはいえ、一足飛びではないことさえ理解していただければ、この証明はやっぱり簡単で、二足飛び、いや四足飛びぐらいでできます。あらかじめポイントを言っておけば、「(Aではない)ではない)かつB」には「かつB」がついているので、「二重否定取り」が使えない。ですから、「かつ取り」を使って、ここから「(Aではない)ではない」を単独で取り出してしまえばよいのです。そうして「二重否定取り」を適用して、最後にまた「かつ入れ」で復元すればいい。やってみましょう。

((Aではない)ではない)かつB ──→ AかつB

証明

(1)((Aではない)ではない)かつB　前提
(2)(Aではない)ではない　(1)とかつ取り
(3)A　(2)と二重否定取り
(4)B　(1)とかつ取り
(5)AかつB　(3)(4)とかつ入れ

解説します。

「かつB」がくっついているので、ダイレクトに「二重否定取り」を使うわけにはいきません。だから、「かつ取り」で(1)から「(Aではない)ではない」を単独で取り出してくる。そしてそれに対してなら、「二重否定取り」が使えて、「A」が出せる。これがひとつ。あと、かつ取りで「B」も出しておいて、そうして出てきた「A」と「B」にかつ入れをして「AかつB」を作り、これがほしかった結論ですから、はい、できあがり。

書き方ですが、これはまあ分かりやすければなんでもよいわけですが、いまやったみたいに書くことにしましょう。まず番号を書いて、次に命題を書く。そしてそのあとに、その命題がどのようにして導かれたかを書き添える。ただし、前提の場合には何かから導かれたというわけではないので、ただ「前提」と書いておきます。あとは、たとえば(1)の命題に「かつ取り」を用いて(2)を導いているので、(2)の命題のあとには「(1)とかつ取り」なんて書いておくわけです。

というわけで、「((Aではない)ではない)かつB──→AかつB」が証明されました。だいたいこんなふうに、これぞと思った論理法則を、私たちが規定した導入則と除去則を使ってバンバン証明していくというわけです。

論理命題と推論規則

証明についてもう少しきちんとお話しするために、ここで、いままで漠然と「論理法則」と呼んできたものを「論理命題」と「推論規則」に区別しましょう。

たとえば排中律「Aまたは(Aではない)」はこれ全体でひとつの命題、つまりひとつの文を作っていますが、たとえばド・モルガンの法則のひとつ「(AまたはB)ではない→(Aではない)かつ(Bではない)」などは、これ全体が一個の命題というわけではありません。これは、「(AまたはB)ではない」という命題から「(Aではない)かつ(Bではない)」という命題が導かれること、つまり二つの命題の推論関係を述べたものになっています。

そこで、排中律のような論理法則を「**論理命題**」と呼ぶことにしましょう。これは必ずしも一般的な呼び方ではなく、この本での呼び方だと思ってください。他方、ド・モルガンの法則のような論理法則は一般的に「**推論規則**」と呼ばれます。くりかえせば、論理命題というのは、必ず正しくなる命題のことです。他方、推論規則というのは、「□→△」という形のもので、前提□から必ず結論△が導かれるという、命題□と命題△の演繹的な推論関係を述べたものです。

だけど、実は推論規則は私たちの体系ではぜんぶ論理命題として書き換えられるんですね。(逆は言えません。つまり、論理命題を推論規則の形に書き換えようとすると、うまくいかないものが出てきます。たとえば、排中律のような論理命題を推論規則として書き換えようとしても、無理です。いま言ったのは、すべての推論規則は論理命題の形に書き換えられる、ということです。）その理由は、条件法の導入則「ならば入れ」があるからです。ですから、「□→△」という推論規則があるときには、□を仮定すればそこから△が導かれるので、「ならば入れ」に従って、「□ならば△」と結論してよいことになります。つまり、「□→△」が推論規則ならば、「□ならば△」は論理命題になります。

正確を期すためにもう一押ししておきます。逆に、「□ならば△」が論理命題だとすると、こんどは「ならば取り」（肯定式）に従って、□という前提から△が必ず導けることになります。ということは、「□ならば△」の形の論理命題であれば、「□→△」は推論規則になるわけです。（くどいですが、「□ならば△」の形の論理命題だけです。排中律みたいな論理命題は推論規則の形には書き換えられません。）

そういうわけで、私たちの体系――標準的な命題論理――では、「□→△」という推論規則と「□ならば△」という論理命題は、論理的な観点からすればまったく意味の等しいものになっています。あるいは、ここまでのところで「→」という記号を「ならば」と読んできたひともいるかもしれませんし、「→」という記号はなんか「ならば」と似てるなあと思ったひともいるかもしれません。その直感は正しいものだったと、ここでお墨付きが得られたことになります。

ついでですから、もう一点だけ、補足的なことを話させてください。いま、たとえば排中律「Aまたは(Aではない)」を論理命題と呼びました。しかし、正確に言えば、これは「A」のところに何か具体的な命題を入れてはじめて命題になります。たとえば、「A」として「カバは偶蹄目だ」という命題を入れたとすると、「Aまたは(Aではない)」は「カバは偶蹄目であるか、または、カバは偶蹄目ではない」という命題になります。具体的な命題を入れる前の「Aまたは(Aではない)」は、「□または(□ではない)」のように、命題を入れるところを空欄にした、いわば「命題の型」みたいなものなのです。

推論規則もそうです。たとえば「(AかつB)──→A」なども、「A」と「B」に具体的な命題を入れてはじめて、二つの命題の推論関係を示したものになります。「A」とか「B」のような記号にしているのは、そこに具体的にどんな命題を入れても、その推論は成り立つということです。その意味で、推論規則もまた、ある命題から他の命題へと具体的に推論をしてみせているものではなく、その「推論の型」を示したものにほかなりません。

しかし、いちいち「型」だということを強調するのもわずらわしいので、誤解のおそれがないかぎり、「Aまたは（Aではない）」のように厳密にはまだ具体的に命題として定まっていないものも、「命題」と呼んでしまうことにします。

証明も、けっこう楽しい

さて、もう少し証明について見てみましょう。次に証明してみたいのは、これです。

（(Aではない）ではない）またはB ⟶ AまたはB

さっきと似ていますが、こんどは「または」です。二重否定をはずしたいのだけれど、「またはB」がくっついている。これはさっきよりもだいぶ手間がかかります。当然成り立つだろうと思われるし、こんなの「二重否定取り」を使えば一発だろうと思われるのだけれど、実はなかなか道は遠い。その、なんと言いましょうか、もどかしさ。はがゆさ。じれったさ。そんなところを味わっていただけたらうれしいのです。そして万一、けっこう楽しいなんて思ってもらえたら、もう、ひそかにガッツポーズですよね。いや、けっこう楽しいんですよ、証明って。

まず、証明の方針を考えましょう。「(Aではない)ではない)またはB→AまたはB」を証明するには、「**いずれにせよ論法**」を使います。覚えてますか？　書き出してみましょう。こうでした。

AまたはB、AならばC、BならばC→C

別れ道「AまたはB」があって、Aを行ってもCに着くし、Bを行ってもCに着く、だから、いずれにせよCに着く、という論法です。これを使えば、「(Aではない)ではない」から「A」を導いて（二重否定取り）、そこからさらに「AまたはB」を導く（または入れ）。それから「B」の方からも「AまたはB」が導けます（または入れ）から、いずれにせよ、「AまたはB」が導けるというわけです。

だけど、「いずれにせよ論法」はまだ証明してませんから、この論法を証明するところからやらなければいけません。で、どうやってこいつを証明してやろうかと考えていると、背理法を使おうかと思いつく。つまり、出したい結論が「C」ですから、まず背理法の仮定として「Cではない」を仮定して、矛盾を出す。そこで、「Cではない」と「AならばC」を使えば、「Aではない」が導けそうです。「Aではない」と「AまたはB」からは「B」が導けます（消去法）。そして「B」と「BならばC」から「C」が導ける（肯定式）。これは仮定「Cではない」に矛盾します。できた。というわけで、「いずれにせよ論法」は背理法を使って証明できそうです。

しかし、「Cではない」と「AならばC」を使って「Aではない」を導くところは、実のところまだ証明していません。「だってこれ、対偶を使った推論じゃん」と思うでしょうし、まったくそのとおりなのですが、対偶は必ず正しいということも、まだ証明してはいないのです。だから、「いずれにせよ論法」を証明する前に、次を証明しなければなりません。

Bではない、AならばB ——→ Aではない

すごく細かい注意を言います。「あれ？　Cじゃないの？　なんでBなの？」と思われたひともいるかもしれません。なんだっていいんです。先にも述べましたように、

これらの「A」「B」「C」は空欄のようなもので、ここに何か命題を入れてはじめてちゃんとした命題になります。だから、「B」だろうと「C」だろうとなんでもよいわけで、いま書き出した推論規則は、「Cではない、AならばC──▶Aではない」と同じ「型」をしていますから、そしてこうした推論規則は推論の型を示したものにほかなりませんから、型が同じであれば、それはつまり同じ推論規則なのです。何でもいいなら、なんでBにしたのさ、と言われるかもしれませんが、Aの次はやっぱり、Bでしょう。一般的な推論規則として書いておくとしたら、AとCを使って書くより、AとBを使って書くって感じじゃないでしょうか。

というわけで、最初に「Bではない、AならばB──▶Aではない」を証明しなければなりません。これは「**否定式**」と呼ばれる、ものすごく重要な推論規則です。「A、AならばB──▶B」が「肯定式」でしたが、それと対になる推論規則です。

そこで、これからの証明の流れは、こうなります。まず準備その一、否定式と呼ばれる推論規則を証明しておく。準備その二、否定式を使って「いずれにせよ論法」を証明する。そしてラスト、「いずれにせよ論法」を使って目的の「(Aではない)ではない)またはB──▶AまたはB」を証明する。

とまあ、こんな道のりを、一歩一歩、辿ってみましょう。

Bではない、AならばB ──→ Aではない（否定式）

証明

(1) Bではない　　前提
(2) AならばB　　前提
(3) A　　背理法の仮定
(4) B　　(2)(3)と肯定式
(5) Bかつ（Bではない）　　(1)(4)とかつ入れ（矛盾）
(6) Aではない　　(3)(5)と背理法

これは、前提が二つあるので、まずその二つの前提を書きます。次に、結論が「Aではない」と否定形なので、否定の導入を考える。それはつまり、背理法を使うということです。となれば、「A」を仮定して矛盾を導けばいい。そして矛盾が導けたら、仮定「A」を否定して、「Aではない」と結論できる、というわけです。
では次に、「いずれにせよ論法」を証明しましょう。ここで注意してほしいことは、いま否定式を証明しましたから、もうこれからの証明には否定式を使ってよいということです。

AまたはB、AならばC、BならばC ──→ C（いずれにせよ論法）

証明

(1) AまたはB　前提
(2) AならばC　前提
(3) BならばC　前提
(4) Cではない　背理法の仮定
(5) Aではない　(2)(4)と否定式
(6) B　(1)(5)と消去法
(7) C　(3)(6)と肯定式

(8) Cかつ（Cではない）　(4)(7)とかつ入れ（矛盾）
(9)（Cではない）ではない　(4)(8)と背理法
(10) C　(9)と二重否定取り

結論「C」を導くために背理法を使います。「Cではない」を仮定して矛盾を導くわけですが、注意してほしいのは、私たちが規定した背理法はあくまでも否定に対する導入則だったということです。つまり、「Cではない」を仮定して矛盾が出たときに、結論できるのは「（Cではない）ではない」なのです。そこでさらに、それに二重否定取りを使って「C」にするという、ひと手間かけなければいけません。

矛盾を導くところを見ましょう。背理法の仮定「Cではない」と前提「AならばC」から、否定式を用いて「Aではない」を導きます。「Aではない」と「AまたはB」から、「B」が導けて（消去法）、「B」と前提の「BならばC」から「C」が導けます（肯定式）。そしてこれは仮定「Cではない」と矛盾します。矛盾を明示するために、「Cかつ（Cではない）」という命題の形にしておきます。

さて、否定式も「いずれにせよ論法」もそれ自体すごくだいじな推論規則でしたが、これを使えば、ようやく「((Aではない)ではない)またはB ⟶ AまたはB」が証明できます。証明は、「いずれにせよ論法」を使うことを考えてください。「(Aではない)ではない」の道を行っても「AまたはB」が言えるし、「B」の道を行っても「AまたはB」が言える。そのことがきちんと言えれば、証明はできます。

((Aではない)ではない)またはB ⟶ AまたはB

証明

(1)((Aではない)ではない)またはB　前提
(2)(Aではない)ではない　ならば入れの仮定
(3)A　(2)と二重否定取り
(4)AまたはB　(3)とまたは入れ
(5)((Aではない)ではない)ならば(AまたはB)　(2)(4)とならば入れ
(6)B　ならば入れの仮定
(7)AまたはB　(6)とまたは入れ

(8) Bならば（AまたはB）　(6)(7)とならば入れ
(9) AまたはB　(1)(5)(8)といずれにせよ論法

証明を読んでいくと、ちょっと不思議なことが起こっています。「AまたはB」という同じ命題が三回も登場している。これはどういうことでしょうか。

このあたりが、いま私たちが採用している証明の書き方のいやなところというか、むずかしいところです。(4)の「AまたはB」と(7)の「AまたはB」と(9)の「AまたはB」は、それぞれまったく違うのです。（どう違うのか、分かるでしょうか。）

(4)の「AまたはB」を見てみましょう。まず、(2)で「(Aではない)ではない」を「ならば入れ」のために暫定的に仮定しました。その仮定のもとで、(3)の「A」が導かれます。そしてそこから、(4)の「AまたはB」が導かれているわけです。つまり、(4)の「AまたはB」は(2)の「(Aではない)ではない」という暫定的な仮定のもとで成り立つことでしかありません。つまり、あくまでも、「もし(2)ならば、(4)」が言えるだけなのです。

(7)の「AまたはB」もそうです。これは(6)という暫定的な仮定のもとで成り立つことで、「もし(6)ならば、(7)」が言えるだけです。

それに対して、最後の(9)の「AまたはB」は、もうそうした暫定的な仮定のもとにはありません。(9)はただ前提(1)だけから導かれています。というわけで、(9)の「AまたはB」に至ってはじめて、目的地に到達したということになります。

こうしたことが起こるのは、私たちの推論規則の中に「ならば入れ」があるからです。「ならば入れ」は「「A」を仮定して「B」が導かれるとき、「AならばB」と結論してよい」というものでした。これを使うときには、だから、証明の中のどこかで「A」を暫定的に仮定して、そこから「B」を導きます。しかし、そうして導かれた「B」はあくまでも「A」という仮定のもとでの「B」でしかありません。それは「AならばB」を結論するための通過地点にすぎないのです。それを忘れて、この「B」をいかなる仮定のもとにもない端的な結論のように捉えてはいけません。それは、言ってみれば、宝くじが当たったという仮定のもとであれこれ考えていたら、いつのまにかほんとに当たった気になってしまって、念願の新車を買いに走ったというようなもんです。あるいは意中のひとと結婚できたらと考えていたら、……いやいや、まあ、そんなところです。

ここまで、いくつか証明を見てきました。もうこの本では証明は出てきませんし、別に証明の達人になることがこの本の目標でもありませんから、細かいところは忘れてしまってもけっこうです。でも、「(Aではない)ではない)またはB → Aまたは B」を証明するのにさえ、こんなに手間をかけるんだなあというところは、感じとってほしいと思います。

さて、こんなふうに、私たちが規定した導入則と除去則からさまざまな論理法則が証明できます。だけど、ひとつひとつ証明していてもきりがありません。ここはぜひ、私たちの導入則と除去則があれば、ほしい論理法則はそこからすべて証明できるんだ、ということを保証してやりたい。ところが、「ほしい論理法則」って何？　ということがそもそもよく分からないのでした。この問題に向かうことにしましょう。

ほしい論理法則・ほしくない論理法則

この問題が心底むずかしいのは、どういう論理法則がほしいのかに関して立場が分かれるという点にあります。否定のところでお話ししましたが、典型的な例は排中律「Aまたは(Aではない)」です。私たちがいま見ている標準的な命題論理では、これはほしい論理法則です。はずすわけにはいきません。しかし、排中律なんかいらないという立場もあるわけです。「A」とも「Aではない」ともきっぱり言えないような証拠不十分な状態をちゃんと捉えなければいけないという立場、いわば「人間の視点」に立ち止まろうとする立場。その立場に立って排中律を拒否すると、連動して「二重否定取り」も拒否されます。そうして、その結果作られる命題論理は、標準的なものとは異なる、非標準的な命題論理になるわけです。私たちの論理体系を「標準的な」命題論理と呼んでいたのは、裏返せば、それとは異なる「非標準的な」命題論理があるからにほかなりません。

じゃあ、排中律はほしいのか、ほしくないのか。いや、これは決着のついていない正真正銘の大問題です。とてもここで踏み込むわけにはいきません。少し暗い気持ちになりながら、もっとなんとかなりそうなところから考えていきましょう。

たとえば、「AまたはB──→A」を考えてみます。これを論理法則として獲得したいと名乗りを挙げる立場はありません。誰もほしがらない推論規則です。でも、なぜでしょうか。なぜ、誰もほしがらないのでしょう。

かりに、「AまたはB──→A」を正しい推論規則として受け入れたとしてみましょう。そうすると「AまたはB」から「A」が導けるというのですから、たとえばこんな推論が正しい演繹だということになります。

ホトトギスはホーホケキョと鳴く、または、ウグイスはホーホケキョと鳴く。
だから、ホトトギスはホーホケキョと鳴く。

前提は正しい。しかし、結論はまちがっています。ホトトギスは（私自身は残念ながら聞いたことはないのですが）テッペンカケタカとかトッキョキョカキョクとか鳴くらしいです。それで、前提が正しいのに結論がまちがっているのであれば、それは正しい演繹的推論とはみなせません。

先に、「AまたはB→A」などにおける「A」や「B」には任意の具体的な命題が入ると述べておきました。そこでこのように具体的な命題を入れてみると、いまの場合、前提が正しいのに結論がまちがっているような具体例が見つかってしまうのです。このような具体例を「**反例**」と呼びましょう。推論規則「□→△」に対する反例とは、前提□が正しいのに結論△がまちがいになってしまう、そのような□と△

の具体例のことです。

　ついでに述べておけば、いまのように推論規則だけではなく、論理命題に対しても「反例」を考えることができます。論理命題とは、必ず正しくなるとされる命題のことですから、それをまちがいにしてしまうような具体例が見つかれば、それが反例になります。たとえば、実質的にいまの推論規則の場合と同じですが、「(AまたはB)ならばA」という命題を考えてみればよいでしょう。この命題を論理命題だと主張するひともいません。なぜか。簡単に反例が見つかるからです。「A」として「ホトトギスはホーホケキョと鳴く」、「B」として「ウグイスはホーホケキョと鳴く」を考えれば、「ホトトギスがホーホケキョと鳴くかウグイスがホーホケキョと鳴くかどちらかであるならば、ホトトギスはホーホケキョと鳴く」という、どうにもまちがった命題ができあがります。

　逆に言えば、論理法則として確保したいのは、反例が見出せないようなもの――反例が見出せない推論規則、反例が見出せない論理命題――です。たとえば、次の推論規則を考えてみてください。

AまたはB ─→ BまたはA

前提が正しいのに結論がまちがいになるような、この推論規則に対する反例は何かあるでしょうか。「ホトトギスがホーホケキョと鳴くか、または、ウグイスがホーホケキョと鳴く」が正しいならば、「ウグイスがホーホケキョと鳴くか、または、ホトトギスがホーホケキョと鳴く」も正しいでしょう。「太郎が夜道で私をうしろから殴った、または、花子が夜道で私をうしろから殴った」が正しいならば、「花子が夜道で私をうしろから殴った、または、太郎が夜道で私をうしろから殴った」も正しくなります。このような、論理法則がもっている「反例が見出せない」という性質は、論理法則の「**妥当性**」と呼ばれます。

私たちはいま、論理法則として確保したいものと、いらないものとを弁別したいと考えているわけですが、それを分けるポイントは、まさにこの「反例が見出せない」という意味での妥当性にほかなりません。私たちは妥当なものがほしいのであって、妥当でないものはいらないのです。

しかし、これはたんにスタートラインに立ったにすぎません。問題なのは、その妥当性をどうやって判断するかです。つまり、その論理法則に反例がないことを、どうやって確かめればよいのか。このように問いかけると、なんだかどこかで、「そのために証明があるんじゃないの」とかいう声が聞こえてくるような気がします。違います。誤解です。もう一度、いま何をしたいのかを確認させてください。

私たちの標準的な命題論理の体系は、ほしい論理法則をすべて証明してくれるような体系なのか。それをいま知りたいのです。そして、ほしい論理法則とは妥当な論理法則のことだと見定めました。つまり、私たちが知りたいのは、私たちの論理体系が妥当な論理法則をすべて証明してくれるかどうかなのです。だとすれば、論理法則の妥当性を証明によって調べるというのでは、「妥当な論理法則をすべて証明することができる」というのは、あたりまえのことになってしまうわけです。

二つのアプローチ

ここで、ある論理法則について言われるその「証明可能性」と「妥当性」とが、あくまでも異なった概念だということを、しっかり理解してください。両者は一致することが期待されているのですが、しかし、ほっといても一致するというようなものではなくて、論理体系を作るときに、証明可能性と妥当性とが一致するように努力しなければいけないし、ちゃんと両者が一致しているかどうかのチェックもしなければいけません。

「証明する」ということは、自分たちが規定した出発点となる論理法則（私たちの場合には否定・連言・選言・条件法の導入則と除去則）だけを用いて、他の論理法則を導くことでした。このように、まず出発点となる論理法則を規定して、それを用いてさまざまな論理法則を証明していく体系は「**公理系**」と呼ばれます。出発点となる論理法則は「**公理**」と呼ばれ、証明された論理法則は「**定理**」と呼ばれます。私たちの論理体系ですと、否定・連言・選言・条件法に対する導入則と除去則が公理で、それを用いて証明された「((Aではない)ではない)またはB→AまたはB」などは定理ということになります。

公理系は、具体的な命題の事例を考えず、「A」とか「B」といった、いわば「命題の型」、命題の形式だけを扱いますから（ここまで、私たちはそうした命題の形式を、はしょって「命題」と呼んできたわけです）、それはまた「**形式的体系**」と呼ばれたりもします。そこでこの本では、公理系のやり方を「**形式的アプローチ**」と呼ぶ

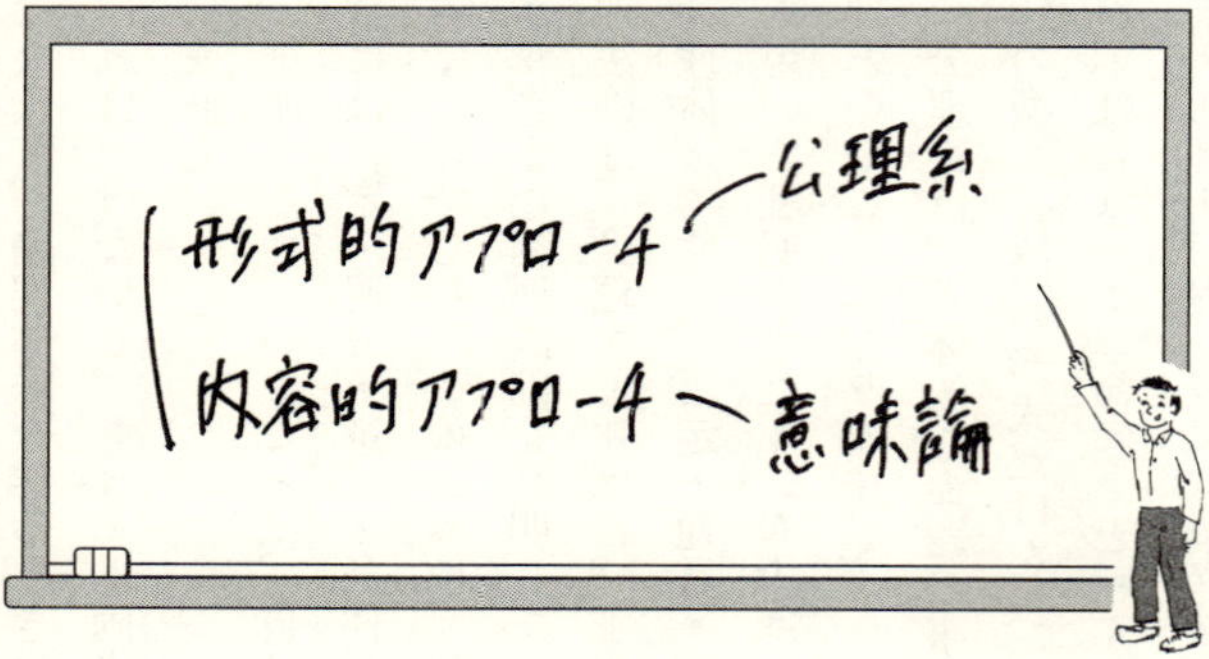

ことにします。

それに対して、論理法則の妥当性を論じるやり方は、たとえば「AまたはB→A」や「AまたはB→BまたはA」に反例があるかどうかを考えるというもので、そのさいには「A」や「B」の中身となる具体的な命題の事例（「ホトトギスはホーホケキョと鳴く」等々）を考えますから、それを「**内容的アプローチ**」と呼ぶことにします。ふつうは「**意味論**」と呼ばれたりするのですが、一方を「形式的アプローチ」と呼ぶことにしましたから、対をなすように、ここでは「内容的アプローチ」と呼ぶことにします。

内容的アプローチがどのようなものになるのか、少しそのやり方を覗いてみることにしましょう。標準的な命題論理の立場が、どのような形で排中律を妥当な論理命題だとみなすのか、そこのところを見てみます。

まず、標準的な命題論理の立場では、ある命題が「正しい」とは「世界がその命題の記述するとおりであること」にほかなりません。その意味で、ある命題が正しいときその命題は「真」と言われ、その命題がまちがっているとき、「偽」と言われます。あたりまえじゃないかと言われるでしょうか。いえ、けっしてあたりまえじゃないんですね。

非標準的な立場だったら、ある命題が「正しい」とは「人間がその命題を正当化できること（証明したり観察によって確かめたりできること）」のようにも言うでしょう。他方、標準的な立場では、正当化なんてことはいっさい問題にしません。あたかも神の視点に立つかのようにして、たとえば花子が太郎のことを好きならば「花子は太郎を好きだ」は真、そうでないならば偽。太郎に勇気があるならば「太郎には勇気がある」は真、そうでないならば偽。円周率πの無限小数展開に７が十個つながって現れるならば「πの無限小数展開に７が十個つながって現れる」は真、そうでないならば偽。そんなふうになります。真でも偽でもないケースは考えませんし、こうした真偽を人間が知ることができるのかどうかにも頓着《とんちゃく》しないのです。

こうして、命題については真か偽か、きっぱりそのどちらかしか考えません。そして、さらに、標準的な命題論理の立場は、否定を「命題の真偽を反転させる関数」と考えます。たとえば「花子は太郎を好きだ」が真ならば「花子は太郎を好きではない」は偽になります。また、「花子は太郎を好きだ」が偽ならば「花子は太郎を好きではない」は真になります。つまり、ある命題「A」を否定するということは、その命題「A」が真ならば偽になり、その命題「A」が偽ならば真になるような、そういう命題を作るということにほかなりません。

Aではない……Aが真のとき偽、Aが偽のとき真

そこで否定を「関数」と考えます。つまり、「Aではない」は「A」に真を入力すれば偽を出力し、Aに偽を入力すれば真を出力する、そういう関数だというわけです。真偽が入出力の値になりますから、「**真理関数**」と呼ばれます。くりかえせば、否定を真偽反転の真理関数として意味づける、これが標準的な命題論理の立場です。

同様に、「または」も真理関数として意味づけます。「AまたはB」は「A」か

「B」かどちらか少なくとも一方が真のときに真で、「A」も「B」も偽だったら偽になるような、そういう真理関数です。

Aまたは B…… AかBか少なくともどちらかが真のとき真、AもBも偽のとき偽

たとえば、「ホトトギスはホーホケキョと鳴く、または、ウグイスはホーホケキョと鳴く」は「ウグイスはホーホケキョと鳴く」が真ですから、全体として真になりますし、「カバは偶蹄目だ、または、キリンは偶蹄目だ」は、カバもキリンも偶蹄目で両方とも真ですから、やはり全体として真になります。あるいは、「アメリカの首都はマイアミか、または、アメリカの首都はラスベガスだ」はどっちも偽なので、さすがに全体としても偽になるわけです。

連言も条件法もこのように真理関数として規定していきますが、いまは排中律に関係する部分だけということで、否定と選言だけにしておきます。そこで、このように否定と選言の意味を真理関数として規定すると、排中律「Aまたは（Aではない）」が妥当であるということがそこから出てきます。それを見ましょう。

まず、「または」の真理関数としての意味規定から、「Aまたは(Aではない)」は「A」か「Aではない」のどちらかが真のときに真になります。

さらに、否定の真理関数としての意味規定から、「A」が偽のときには「Aではない」が真になりますから、「A」か「Aではない」は必ずどちらかが真になります。

というわけで、「Aまたは(Aではない)」は必ず真になります。

これが、標準的な命題論理の立場から排中律が妥当とされるということの内実にほかなりません。

これはつまり、排中律には反例がありえないということを意味しています。「Aまたは(Aではない)」の「A」のところに具体的な命題を入れて反例を作ろうとしてみましょう。標準的な立場に従えば、どんな命題も真か偽かいずれかですし、「ではない」も「または」も真理関数として意味づけられていますから、具体的な命題を入れるといっても、真な命題を入れるか偽な命題を入れるかだけが問題になります。そして、「A」に(「ウグイスはホーホケキョと鳴く」であれ「カバは偶蹄目だ」であれ)真な命題を入れるとき、「Aまたは(Aではない)」は全体として真になりますし、「A」に(「ホトトギスはホーホケキョと鳴く」であれ「アメリカの首都はマイアミだ」であれ）偽な命題を入れてもそのときは「Aではない」が真になりますから、「Aまたは（Aではない）」は全体としてやはり真になる。つまり、排中律を偽にするような反例の作りようがないわけです。

ただし、これは排中律には反例があると考える非標準的な立場がまちがっていることを意味するものではありません。非標準的な立場からすれば、いま見たような標準的な立場による命題の真偽の捉え方、そしてそれに基づいて否定や選言を真理関数として捉えるやり方、そもそもこうしたことが問題視されます。

つまり、標準的な命題論理の立場は、排中律を妥当な論理命題として認めたいからこそ、そうなるように、命題は真か偽のどちらかだとし、さらに否定も選言も真偽の関数として捉える、そのような意味論を与えたのです。だから、ここで示したような標準的な命題論理の内容的なアプローチは、非標準的な立場に対抗して自分の立場を正当化するようなものではなく、むしろ自分の立場はこういうものなのだということを明確にしたものと言えるでしょう。標準的な命題論理は、「われわれは命題の真偽をこう捉える、そして否定や選言を真理関数としてこう捉えるのだ」、そう宣言し、排中律を妥当な命題とみなすことの背景にある捉え方を明らかにしたわけです。

「健全」で「完全」な公理系

いまは標準的な命題論理の意味論の与え方の一例だけを見てみましたが、他の論理体系の場合でも、内容的なアプローチは、おおむねこんなふうに、どういうものを妥当な論理法則とみなすのかを規定します。そしてそれは、その論理体系で扱いたい論理法則の範囲の設定になります。つまり、ほしい論理法則とほしくない論理法則をはっきりさせるのです。標準的な命題論理の場合で言えば、ド・モルガンの法則などはほしい論理法則の範囲に入りますし、排中律もまた、もちろんほしい論理法則の範囲に加わってくるわけです。

そして、このように設定された妥当な論理法則をすべて、過不足なく証明してやろうと企てられるのが、公理系です。私たちが見てきた、否定・連言・選言・条件法の導入則と除去則を公理とする公理系も、標準的な命題論理が妥当とみなす論理法則を過不足なく証明できるようなものであることが期待されています。

この期待が満たされているとき、その公理系は「健全」で「完全」と言われます。「健全」と「完全」の二つが必要なのは、過剰ではないことと不足ではないことの二点があるからです。過剰ではないことというのは、つまりこうです。

(1)その公理系は妥当な論理法則だけを証明して、妥当ではない論理法則まで証明してしまうようなことがない。

そのとき、その公理系は「**健全**」だと言われます。いらないものまで証明してしまわないということで、「健全」という呼び名は雰囲気が出てるでしょう。

もうひとつは不足ではないことで、こう書けます。

(2)その公理系は妥当な論理法則のすべてを証明することができる。

つまり、ほしい論理法則はぜんぶ証明できるというわけで、こちらの場合、その公理系は「**完全**」だと言われます。

こうして、公理系は健全で完全であることがめざされます。

というわけで、公理系を作るのに失敗するということも、起こりうるわけです。たとえば、バカな例ですが、うっかりして私たちの公理系に「または入れ」の一方である「B→AまたはB」を入れ忘れてしまったとします。そうすると、それはほしい論理法則が証明できない「不完全な」公理系になってしまいます。変な公理を付け加えたわけではなくて、一個公理を入れ忘れただけなので、妥当じゃない論理法則が証明できるようになってしまうということはありませんから、健全性は保たれますけどね。だから、ヘマをしたその公理系は「健全だけど不完全な」公理系ということになります。

私たちの公理系はどうかというと、これはもうやりだすととても長くなるので詳しい議論は省きますが、健全で完全な公理系だということが示されています。つまり、標準的な命題論理が妥当と認める論理法則のすべてを、そしてそれだけを、過不足なく証明できる、そういう公理系になっている。その意味で、私たちの公理系は「うまくいっている」と言えるのです。

ただし、私たちの公理系が健全で完全だというのも、私たちが標準的な命題論理の立場をとり、その立場から妥当な論理法則の範囲を設定したからです。排中律を拒否するような立場から見れば、私たちの公理系は排中律などというらないものまで証明してしまう不健全な公理系だということになるでしょうし、逆に標準的な立場からすれば、排中律を拒否するような公理系はほしいのに証明できないものがある不完全な公理系だということになるでしょう。関係ないですが、「不健全だ」と非難されるのと「不完全だ」と非難されるのと、どっちがいやですかね。私だったら「不健全」の方がいやかな。だって、私が不完全だなんて、あたりまえだもの。いや、ほんとに関係ない話でした。

いろいろな公理系が作れる

一点、補足しておきます。いま、標準的な命題論理の立場から妥当な論理法則の範囲を設定したとします。そのとき、その妥当な論理法則を過不足なく証明する、健全かつ完全な公理系というのは、私たちの与えた公理系（146ページ）だけではありません。すごくささやかな例をあげれば、私たちは「または取り」として消去法「AまたはB、Aではない→B」と「AまたはB、Bではない→A」を与えました。しかし、そのときにも述べておいたことですが、これは私が「いずれにせよ論法」と呼んだ「AまたはB、AならばC、BならばC→C」と取り替えることができます。

消去法を公理にすれば「いずれにせよ論法」は定理になりますし、「いずれにせよ論法」を公理にすれば消去法が定理になります。どちらの公理系も同じだけの論理法則を証明できるという意味で、同等のものです。

このように、同等の公理系はいくつも作れるのです。一見すると同等には見えないような公理系もあります。たとえば、次の公理系は私たちの与えた導入則と除去則からなる公理系と同等のものであることが示されています。ぱっと見て理解できるものでもないし、理解する必要もいまはありませんから、ただ気楽に眺めてみてください。

(1) A ならば（B ならば A）

(2)（A ならば（B ならば C））ならば（（A ならば B）ならば（A ならば C））

(3)（（B ではない）ならば（A ではない））ならば（（B ではない）ならば A）ならば B）

(4) A、A ならば B ⟶ B

ここには「かつ」も「または」もありませんが、「かつ」と「または」は「ならば」と「ではない」を用いて定義されます（どういう定義かは省略します）。もう目がチカチカするし、わけ分からないでしょう？　私も、書き写しまちがえてないか、心配です。

この公理系と私たちが146ページで与えた公理系はまったく別もののようなかっこうをしていますが、でも、どちらも、ド・モルガンの法則とか排中律を定理として証明する、同等の公理系なのです。

同等であることを示そうと思ったら、こんなふうにします。

まず私たちの公理系でいまの(1)〜(4)を定理として証明してやる。そうすれば、私たちの公理系でもこれら(1)〜(4)は使えることになりますから、いまの(1)〜(4)の公理系で証明できる定理はすべて私たちの公理系でも証明できることが示せます。

次に、いまと逆の手順ですが、(1)〜(4)の公理から私たちの公理系の公理を定理として証明してやる。そうすれば、こんどは私たちの公理系で証明できる定理はいまの(1)〜(4)の公理からなる公理系でも証明できることが示せます。

この両方が示せれば、両者は同等と言えることになります。

さて、ここまでのところをふりかえってまとめてみましょう。こんなふうになっています。

そもそものはじめは、否定・連言・選言・条件法といったことばに注目して、命題論理を企てました。そのとき、妥当な命題の範囲に関して、複数の立場が可能になります。たとえば、排中律を認めない立場もある。ここで私たちがとった道は、標準的な命題論理という道でした。そして、この標準的な命題論理の公理系を作るときにも、同等な公理系がさまざまに可能になるというわけです。

妥当な命題の範囲に関する立場の複数性と、ひとつの立場のもとでの公理系の複数性とを、ごっちゃにしないように気をつけてください。何が妥当な命題で何がそうでないのかに関する立場の違いというのは、それはもう根本的な違いです。それに比べたら、同じ立場の中で可能になる複数の公理系のどれを使うかなんていうことは小さい問題とも言えるでしょう。

それでも、私たちが作ってきた導入則と除去則の組み合わせからなる公理系には、ものすごく大きな特徴があります。なによりも、分かりやすいでしょう？　公理のひとつひとつ、それぞれの導入則と除去則が、すごく分かりやすい。そして、この分かりやすさには、たんなる教育的な配慮以上の大きな意味があります。なぜ分かりやすいのか。それは、形式的アプローチと内容的アプローチが可能なかぎり近い距離にある公理系だからです。つまり、「ではない」「かつ」「または」「ならば」ということばの意味を考えることが、それらの導入則と除去則を与えるという形をとり、そうして与えられた導入則と除去則が、そのまま公理系の公理になっているわけです。

もう少し詳しく説明させてください。先ほど標準的な命題論理の意味論として、否定と選言を真理関数として規定する話を述べておきました。この、真理関数としての規定（意味論）と導入則・除去則の組み合わせ（公理）を比較してみましょう。まず、否定の導入則と除去則はこうでした。

否定の導入則（背理法）……………「A」を仮定して矛盾が導かれるとき、「Aではない」と結論してよい。

否定の除去則（二重否定取り）………（Aではない）ではない──▶A

「A」を仮定して矛盾が導かれるのであれば、「A」は偽です。そして導入則はそのとき「Aではない」と結論してよいと述べています。つまり、「A」が偽のとき「A

ではない」は真になるというわけです。また、「(Aではない)ではない→A」も、「ではない」が真偽を反転する真理関数だということの忠実な反映になっています。真偽を反転する関数だから、二度適用すると、元に戻るわけです。

選言の導入則と除去則も見ましょう。こうでした。

選言の導入則(または入れ)

(1)……A→AまたはB

(2)……B→AまたはB

選言の除去則(消去法)

(1)……AまたはB、Aではない→B

(2)……AまたはB、Bではない→A

導入則はもう真理関数そのまんまという感じです。「A」が真ならば「AまたはB」が真になるし、「B」が真でも「AまたはB」は真になります。さらに、選言の除去則(消去法)に従えば、「A」も「B」も偽のときには「AまたはB」も偽になるということが出てきます。ちょっとやってみましょう。「A」も「B」も偽だとします。

「A」が偽なら「Aではない」が真になります。

そのとき、もし「AまたはB」が真だとすると、選言の除去則（消去法）に従って、「B」が真になる。

しかしいま「B」が偽のときを考えていたのですから、これは矛盾です。

つまり、「A」も「B」も偽のときには、「AまたはB」が真だと仮定すると矛盾してしまう。

ということは、「A」も「B」も偽のときには「AまたはB」も偽になる。

いまの議論で何が言えたのかというと、私たちが与えたような形で、選言の導入則と除去則を公理にすることは、内容的アプローチにおいて選言を真理関数として先に述べたように規定することと、実質的に同じことなのだ、というわけなのです。

これがたとえばさっきの公理(1)~(4)からなる公理系です（182ページ）と、こうはいきません。再掲しませんが、よかったらページを戻ってもう一度見てください。はじめてこれを見て、そこに否定や選言の真理関数を読み取るなんて、それはもう、とても人間わざではありません。その意味で、私たちが取り上げてきた、否定・連言・選言・条件法のそれぞれに対して導入則と除去則の組み合わせを与えていく公理系は、とてもすなおに内容的アプローチに寄り添ったものになっているのです。

そしてそこに、私がこの公理系を採用した狙いもありました。私は、内容的アプローチと形式的アプローチが緊密な関係にある公理系でこの本の議論を進めていきたかった。だから、このような公理系を、ここで取り上げてきたのです。こういうタイプの公理系は「**自然演繹**」と呼ばれます。しかし、言うまでもありませんが、他のタイプの公理系が「不自然演繹」と呼ばれるという事実はありません。

遠くにゲーデルの不完全性定理が見える

さて、せっかく「完全性」の話が出てきたのですから、おまけの話をしましょう。ゲーデルの不完全性定理の話です。言ってみれば、ハイキングを楽しんでいるときに、はるか向こうに槍ヶ岳の尖った山容が見えたりしたら、同行者に「ほら、あそこ、槍ヶ岳だ」とか言いたくなるじゃないですか。そんな感じです。まあ、しばし足を止めて汗がひくのを待つというぐらいの気持ちで聞いてください。

「ゲーデルの不完全性定理」というのは、中身は知らなくても、その名前だけは聞いたことがあるひとも多いのではないでしょうか。かなり有名な定理ですし、またその内容がひじょうに興味深い。ショッキングと言ってもいい。クルト・ゲーデルが一九三一年に証明した定理で、あまりにゲーデルの天才ぶりが際立っているからでしょうか、「ゲーデルの」とその名を冠して言われることがしばしばです。

ゲーデルの不完全性定理を理解するには、なによりもまず、何が不完全と言われているのかを理解しなければいけません。ついくだらないことを言いたくなるのですが、ゲーデルの不完全性定理と言っても、ゲーデルの不完全性を証明したわけではありません。(失礼しました。)ここで「不完全」というのは、まさにさっき述べた意味での「完全/不完全」です。つまり、ある公理系に対して、それが「完全」だとか「不完全」だとか言われている。そして、ゲーデルがその不完全性を示したのは、自然数論に対する代表的な公理系でした。

自然数論というのは、文字通り、自然数についての数学です。ものすごくむずかしい定理ももちろんありますが、「1＋1＝2」なんていうのも、自然数論の定理だったりします。論理学と数学というのは実は隣り合っていて、その境目の、数学の方に一歩踏み込んだところが、この自然数論になります。論理学と数学はどこが一番違うのかと言えば、数学は数を扱う。だから、自然数論が不完全だというのは、たんに数学の一分野が不完全だというのではなくて、もう、論理学から数学に一歩でも踏み込めばそこは不完全になるぞということで、実質的に数学全体に対する不完全性の宣告になっているのです。

それから、ゲーデルの証明は自然数論の特定の公理系に対するものでしたが、それはまったく一般的な公理系ですし、ゲーデルの証明の手法も一般的なものでしたから、その帰結はたんにひとつの公理系の不完全性を言うにとどまるものではありませんでした。それは、自然数論に対して完全な公理系を作ることはできないという一般的な結論をつきつけるものになっています。そして、自然数論でダメなら数学全体でダメですから、けっきょくのところ、ゲーデルの不完全性定理の趣旨はこう表現することができます。

数学の公理系はどうしたって不完全でしかありえない。

私も含めて数学の素人は、数学というのはとにかく証明していくものだというイメージをもっているのではないでしょうか。しかし、ゲーデルの不完全性定理に従えば、公理系による証明というやり方には限界があることになります。つまり、数学が責任をもつべき命題なのに、それが正しいともまちがっているとも、どうしても証明できない命題がある。数学が責任をもつべき命題というのは、簡単な例で言えば「１＋２＝３」とか「１＋２＝９」といったものがそうで、「１＋２＝３」は数学の道具立てを用いてその正しさが示せるべきものですし、「１＋２＝９」は数学の道具立てを用いてそれがまちがいであることを示せるべきものです。このように、数学の道具立てを用いてその正誤が示せなければいけない命題なのに、公理系による証明というやり方ではそれが正しいともまちがっているとも示すことができない、そういう命題をゲーデルは作ってみせました。しかも、まったく一般的にそうした命題の作り方を示したので、どんな公理系をもってきたって、証明してやりたいけど証明できない、そういう命題がその公理系で作れてしまうということが、明らかになったのです。

これは本当に驚くべき定理で、いろんなひとがこの定理をいろんなふうに解釈しています。なかには、「ゲーデルの不完全性定理は人間の知性の限界を示した」なんて大言壮語するひともいますが、私はこの意見には賛成しません。ゲーデルの不完全性定理はなによりもまず公理系という手法の限界を示したものであって、「人間の知性」ということを考えるならば、けっして公理系だけが人間の知性ではないだろう、と私などは思うのです。

ふりかえって、私たちがもともとめざしていた標準的な命題論理に対する「自然演繹」のタイプの公理系は、完全であることが示されています。つまり、ここでは公理系による証明というやり方は百パーセントうまく機能するのです。さらに述べておくならば、命題論理にかぎらず、論理学の体系は基本的に完全な公理系を作ることができます。このことを考えると、数学の世界というのは、公理系という整理された体系に収まりきれないほどの豊かさをやっぱりもっているのだなあと、しみじみ思ってしまうのでした。

第6章 「すべて」と「存在する」の推論

この推論はどう扱おう

ここまで、標準的な命題論理の成り立ちを見てきました。命題論理はひとつの完結した論理体系ですから、私たちはこれで、ともあれひとつの論理体系を作るという作業がどんなものかを見たことになります。言ってみれば、論理学の工場で「標準的な命題論理」というひとつの製品が出荷されるまでを見たわけです。それは、命題論理の公理系を作るという作業であり、さらに、その製品の健全性と完全性をチェックするという品質検査までが、論理学の工場の役目になります。

しかし、私たちの言語というのはもっとずっと豊かで、命題論理がターゲットとする推論はその一部分にすぎません。ほかにも論理学が扱わなければならない推論はさまざまにあります。たとえば、次の推論を見てください。

私のアンパンを食べた者がいる。
私のアンパンを食べた者には天罰が下る。
だから、天罰が下る者がいる。

ごめんなさい。これでもどんな例文にしようか七、八分は考えたのですが、「ひとのアンパン食べたら、やっぱり天罰だよな」と自分の中では納得してしまったのです。ま、それはさておき、まず、この推論が演繹として正しいことを確認してください。二つの前提を認めたならば、必ず結論も正しいものと認めねばなりません。私のアンパンを食べちゃった誰かがいて、私のアンパンを食べちゃったひとには天罰が下るというのですから、そりゃあ、どこかで誰かに天罰が下ってるに違いありません。

では、この推論を命題論理で扱うことはできるでしょうか。第二前提「私のアンパンを食べた者には天罰が下る」は「AならばB」の形で書けるようにも思います。だけど、第一前提の「私のアンパンを食べた者がいる」はどうでしょう。命題論理の扱っていたことばを思い出してください。否定「ではない」、連言「かつ」、選言「または」、条件法「ならば」。「私のアンパンを食べた者がいる」には、そのどれも、とくに含まれているようには思えません。結論の「天罰が下る者がいる」もそうです。

こういう推論が見つかったとき、論理学はどうするか。まず、喜びます。いままでの体系では扱えないような推論が見つかって、しかもそれが重要な推論のタイプであるとすれば、こりゃもうやるっきゃないとばかりに腕まくりしはじめるわけです。この推論が演繹として正しいものになっている、その仕掛けをはっきりさせてやりたい。そこで（命題論理を見てきたこれまでのやり方を思い出してください）、この推論を成り立たせている本質的なことばは何かを考えます。命題論理ではそれは否定・連言・選言・条件法でした。でもいまはそれじゃ扱えない。だったら、こんどはどういうことばをこの推論を成立させている論理のことばとして取り出せばよいのか。「アンパン」、でしょうか。

全称と存在

いや、さすがに「アンパン」はないだろうなあ。誰でもそう思うでしょうけれど、「どうして？」と聞かれたら、どう答えますか。「どうして、この推論を成り立たせている論理のことばに「アンパン」は含まれないの？」

だって「ヤキソバパン」でもいいから。これが答えです。メロンパンでもいいです。（菓子パンから離れられなくなってしまいました。もちろん菓子パンじゃなくてもいいです。）「天罰が下る」のところも、別のものでいっこうにかまいません。「お腹が下る」でも、「木曾川を下る」でもかまいません。（もちろん、下らなくてもかまいません。）たとえば、わけわかんないですけど、「私のヤキソバパンを食べた者がいる。私のヤキソバパンを食べた者は木曾川を下るであろう。だから、誰か木曾川を下る者がいる」なんかでも、演繹としては正しい推論になっているわけです。

こうして、この推論に本質的なことばだけを残して、あとの交換可能な部分は何を入れてもいいように記号かなんかにしておく。これが、「**推論の形式化**」というやつなのです。いまの場合、どんな形式が取り出せるか、考えてみましょう。

まず、第一前提「私のアンパンを食べた者がいる」の形式は、「Fであるものがいる」のように書くことができるでしょう。「Fである」には、「私のアンパンを食べた」とか「天罰が下る」などが入ります。命題論理では文を表すのに「A」や「B」を使いましたが、「F」は文ではなく、あるもののあり方を表す語句（述語）ですから、アルファベットを少しずらして、「F」とか「G」を使うことにします。

それから、「Fであるもの」というのは、人物とはかぎらず、物でもかまいませんから「Fであるものがいる」というのはちょっとまずいですね。人の場合には「いる」ですが、物の場合には「ある」です。（一般に動く生き物は「いる」で、無生物や動かない生き物は「ある」ですが、私が日本語ってすごくおもしろいなと思ったのは、私たちは大腸菌に対してでさえ、「この川には大腸菌がいる」と言って、しっかり大腸菌を生物扱いしているということです。それに対して、生物と無生物の境はウィルスですが、「この部屋にはインフルエンザ・ウィルスがいる」というのは、ちょっと微妙になってきて、少なくとも大腸菌ほど堂々と生物扱いしていない感じがあります。おもしろくないですか？　いや、脱線でした。）そこで、少し堅苦しいですが、「存在する」と言いましょう。すると、第一前提は「Fであるものが存在する」のように、その本質的な骨組みを取り出してくることができます。

第二前提「私のアンパンを食べた者には天罰が下る」の形式をきちんと考えていくのはけっこう手間です。でもさしあたり、ひとつのことを確認してください。この前提には「誰でも」ということばが隠れている。つまり、「私のアンパンを食べた者は、誰であれ、そのひとには天罰が下る」、そう考えている。だからこそ、誰だか知らないひとが私のアンパンを食べたということから、そのひとには天罰が下っているに違いないと結論するわけです。この結論が例外を許さず、そりゃもうまちがいなくそのひとには天罰が下ると言えるためには、第二前提も例外を許してはいけません。私のアンパンを食べるなんて不逞《ふてい》のやからは、誰であれ、天罰が下るのです！

ええと。ですから、いま問題になっているアンパンと天罰の推論は、その本質的な推論形式だけを取り出すと、こんなふうになるわけです。

Fであるものが存在する。
Fであるものはすべて G である。
だから、Gであるものが存在する。

まあ、楽屋裏を言えば、例文を考えるのにそれなりに時間がかかったと言いましたが、この形式は決まっていたわけで、このFとGに何を入れようかなあ、とあれこれ考えたのでした。それがアンパンかよ、と言われるとわれながら切ないものがありますが、それが、アンパンなのでした。

さて、こんなふうに形式化するということは、FやGのところは推論の正しさに関係しないから好きなものを入れてくださいということで、「Fである」は「私のヤキソバパンを食べた」でも「私のメロンパンを食べた」でもいいですし、「Gである」は「お腹が下る」でも「木曾川を下る」でも、なんでもいいわけです。逆に言えば、この推論にとって本質的な論理のことばは、「存在する」と「すべて」だということです。そうすると、ターゲットがしぼれてきました。**「存在する」と「すべて」を用いて成り立つ推論を体系化する。**これです。

「かつ」を「連言」と呼び、「または」を「選言」と呼んだように、これらのことばにも名前が与えられます。「存在する」はそのまんま「**存在**」でよいでしょう。「すべて」は「**全称**」と呼ばれます。そこで、「全称と存在の推論を体系化する」、これが私たちの新たな目標ということになります。名前を紹介しておけば、そのような体系は「**述語論理**」と呼ばれます。「A」や「B」といった命題を扱った命題論理に対して、こんどは「Fである」とか「Gである」といった、もののあり方を表すことば、つまり述語を扱うので、それで「述語」論理と呼ばれるわけです。

全称と存在のド・モルガンの法則

「すべて」と「存在する」ということばに関わる推論で、代表的なものに「**ド・モルガンの法則**」があります。命題論理のときにも同じ名前の論理法則がありましたが、それは「かつ」と「または」に関するド・モルガンの法則でした。この章で追っている述語論理では、それは「すべて」と「存在する」に関するド・モルガンの法則になります。なぜどちらも「ド・モルガンの法則」なのか。それは、どちらもド・モルガンという人が研究したからですが、もっと深いわけがあります。その話をしましょう。そして、それは命題論理と述語論理の違いにひとつの重要な光を投げかけてくれるだろうと思います。

「すべて」と「存在する」に関するド・モルガンの法則には二つのものがあります。具体的に説明する前に、まず一般的な形で書き出してみましょう。

(1)（すべてのものがFである）というわけではない⟷Fではないものが存在する

(2)Fであるものは存在しない⟷すべてのものはFではない

では、(1)のタイプのものから具体的に見ていきましょう。たとえば、「全員が携帯電話をもっているわけではない」と言われたとします。これは「全員が携帯電話をもっている」という文（こういう「すべて」について何ごとかを述べる文を「**全称文**」

と言います）を否定したものです。そして「全員が携帯電話をもっているわけではない」を言い換えるならば、「携帯電話をもっていないひとがいる」になります（このような「存在」を主張する文は「**存在文**」と呼ばれます）。

(1)のタイプのド・モルガンの法則をキャッチフレーズ的に書くならば、「全称の否定⟷否定の存在」になっています。なんか、似ていませんか？

覚えているでしょうか、「かつ」と「または」のド・モルガンの法則（96ページ）。「（AまたはB）ではない」が「（Aではない）かつ（Bではない）」に等しく、「（AかつB）ではない」が「（Aではない）または（Bではない）」に等しいという、あれです。選言の否定が否定の連言になり、連言の否定が否定の選言になっている。ね、なんだか似てるでしょう？　さっきも言いましたように、ここには深いわけがあります。でも、その前に、(2)のタイプのものを見ましょう。

たとえば、「ツチノコは存在しない」と言われたとします。おっと、もしかしてある世代より若いとツチノコって知らなかったりするのでしょうか。といっても、じゃあおまえツチノコ知ってるのかと言われると、私も知らないわけですけど、いや、そういうことじゃなくて、もちろん見たことはないですけど、一説によると、そうですね、こんな形をしたヘビの一種で、一メートルぐらいジャンプするとか、丸くなってころがるとか、あげくは酒が好きとか言われているらしいですが、ともかく一時期けっこう騒がれた未確認動物です。それで、「ツチノコは存在しない」と主張したとして、これは言い換えれば、「すべてのものはツチノコではない」となるわけです。この場合には「存在の否定←→否定の全称」になっています。これもやはり、「かつ」と「または」のド・モルガンの法則に、どことなく似ています。

世界に三匹のブタしかいなかったら

突然ですが、三匹のブタがいて、その名前を「ブー」と「フー」と「ウー」だとしましょう。そしてこれがこの世界に存在するもののぜんぶだとします。オオカミもいません。そのとき、実は、「全称（すべて）」は「かつ」を使って表すことができ、「存在」は「または」を使って表すことができるのです。そして、そのことが、全称と存在のド・モルガンの法則が「かつ」と「または」のド・モルガンの法則に似ている深いわけにつながります。次の文を考えてみましょう。

すべてのものには尻尾がある。

「すべてのもの」というのは、いまの場合、ブーとフーとウーですから、これはけっきょくのところ次に等しいものです。

ブーには尻尾がある、かつ、フーには尻尾がある、かつ、ウーには尻尾がある。

存在文はどうでしょうか。たとえば次の文を考えてみます。

怠け者がいる。

ブーかフーかウーかは分かりませんが、ともかく誰かが怠け者だというわけですから、これは次に等しくなります。

ブーは怠け者だ、または、フーは怠け者だ、または、ウーは怠け者だ。

というわけで、もし世界に三匹のブタしかいなかったら、全称文は連言文に等しく、存在文は選言文に等しくなるわけです。そしてその場合は、「全称の否定↔否定の存在」という法則は、「連言の否定↔否定の選言」という法則とまったく同じものになり、「存在の否定↔否定の全称」という法則は、「選言の否定↔否定の連言」という法則とまったく同じものになります。ここに、どちらも「ド・モルガンの法則」と同じ名前で呼ばれる深いわけがあるのです。

同様に、もし世界に百匹のブタがいて、それしかいなかったとすれば、こんな調子で百個つなげればよいということになります。全称文は百個の文を「かつ」でつないだもの、存在文は百個の文を「または」でつないだものになるわけです。十万匹のブタだってかまいません。（十万匹なら十万個からなる連言文や選言文になります。もちろんちょっと書き出してみてもよいのですが、そうするとこの本が上下二巻本になったりするかもしれない……って、いやいや、いま計算してみました。たとえば、「ブーは怠け者だ、または」を十万回繰り返すと、原稿用紙で二七五〇枚になる。うわ。上下巻どころじゃないです。超大作です。やめておきます。）

しかし、百万だろうと一億だろうと、もし問題になっているものが有限個しかないならば、「すべて」とか「存在する」ということばは、「かつ」と「または」で書き換えることができてしまうわけです。そうだとすると、全称と存在の推論を扱う論理体系である述語論理は、なんのことはない、命題論理にほかならないものとなります。逆に言えば、命題論理だけでは済まなくて述語論理がほんとうに必要とされる理由は、無限の対象を考えなければならないからなのです。

たとえば、「誰でもいつかは死ぬ」と主張するとき、そこで考えられているのが人間だけであるとしても、それはこれまでに死んだひとたちだけではなく、これから死んでいくひとたち、さらにはまだ生まれてさえいない人間に対してまで、「いつかは死ぬ」と主張しているわけで、それを「太郎はいつかは死ぬ、かつ、二郎はいつかは死ぬ、かつ、花子はいつかは死ぬ、……」といくら続けてもらちは明きません。あるいは、「死なないひとがいる」と主張するとしても、「太郎は死なない、または、二郎は死なない、または、花子は死なない、……」と続けたって、これを「……」なんかでごまかさずにちゃんと書こうと思ったら「いる」とか「ある」とか「存在する」といったことばがどうしたって必要になるわけです。

無限の対象について何ごとかを述べなければならない、ここに、述語論理が必要とされる意味がある。なかなか、深いでしょう？

「すべての男はバカである」の論理構造

さて、いま見たように、「すべて」とか「存在する」といったことばが使われる場合、そこではどの範囲の対象について「すべて」とか「存在する」と言われているのかが問題になります。たとえば「すべては卵から産まれる」というのは、鳥たちの集合を考えていれば正しいですが、人間の集合を考えているとまちがっています。このような、想定されている対象の集合を「**議論領域**」と呼びます。「すべてがＦである」（なんか、似たようなタイトルの小説がありましたけど）というのは、議論領域で考えられている対象のすべてがＦであるということですし、「Ｆであるものが存在する」というのは、その議論領域で考えられている対象の中にＦであるものが存在するということです。
たとえば、議論領域を人間だとしてみましょう。そして「すべての人間はいつかは死ぬ」という文を考えます。これは、議論領域に属するすべてのひとに対して、いちいち「aさんはいつかは死ぬ」「bさんはいつかは死ぬ」……と言い続けるのにも等しいことですが、こんなのを言い続けているとまちがいなく私がいつか死にます。そこでいささか技巧的ですが、任意のxさんを使います。数学で「変数」というのを使いますが、あんな感じです。数ではないので、「**変項**」と言います。aさんでもbさんでもcさんでもいい、誰でもいい「xさん」。そして、この任意のxさんを使って、「すべての人間はいつかは死ぬ」という文を次のように表現します。

すべてのxに対して「xはいつかは死ぬ」

これは、人間という議論領域に属するaさん、bさん、cさん、……に対して、「aはいつかは死ぬ」「bはいつかは死ぬ」「cはいつかは死ぬ」……とひとつずつ言い続けるかわりに、それを一挙にまとめあげた言い方になっています。「xはいつかは死ぬ」、このことは人間という議論領域に属するすべてのxに対して成り立つのだ、というわけです。

変項xを使ったこのような表現法は実にうまいやり方なのですが、そのうまみが感じられるには、もう少し複雑な全称命題を見てみた方がよいでしょう。次の文を考えてみましょう。

すべての男はバカである。

どこが複雑なんだ、と思うかもしれませんが、いやいや、これがなかなか複雑なんです。これも議論領域は人間だとします。それで、人間という議論領域に属するaさん、bさん、cさん、……に対して、何ごとかが成り立つことを言っているわけですが、何が成り立つと言っているのでしょう。たとえばaさんについて、aさんはどうだと言っているのでしょうか。読みすすむ前に、ちょっと（ちょっとだけでいいですが）考えてみてください。

「aさんはバカだ」なんて言ってはいないですよね。aさんは女性かもしれませんから。だから、単純にaさんに対して「バカ」と言っているわけではなくて、aさんが男の場合に、「バカ」と言っているわけです。つまり、aさんについて言っているこ とは、「aさんが男であるならば、aさんはバカだ」という条件文なのです。そこで任意のxさんで考えると、「xさんが男であるならば、xさんはバカだ」と、こう言っていることになります。「すべてのxに対して」という書き方をすれば、こうです。

すべてのxに対して［xが男であるならば、xはバカである］

「すべての男はバカだ」というのは、単純な主語—述語文にも見えるのですが、こうやって述語論理的に分析すると、実は「ならば」で結ばれた条件文の構造をもっているのです。

このことは、「すべての男はバカだ」のような全称文からその「対偶」を導くことができるということをきれいに説明します。「AならばB」に対して、「(Bではない)ならば(Aではない)」がその対偶と呼ばれるものでした。そこで、「aが男であるならば、aはバカである」に対して対偶を考えれば、「(aがバカではない)ならば

（aは男ではない）」となります。これが任意のxに対して成り立ちますから、次が言えることになります。

すべてのxに対して［xがバカではないならば、xは男ではない］

もとのふつうの日本語に直せば、「バカではない者はすべて男ではない」となります。つまり、「すべての男はバカだ」という全称文からその対偶として「バカではない者はすべて男ではない」が導けるわけです。

同様に、もっとまともな例文を使えば、たとえば「すべてのカバは草食である」からその対偶を導くことができて、それは「草食ではないものはすべてカバではない」になります。このように対偶を導くことができるのも、その全称文の論理構造として「ならば」が含まれているからにほかなりません。そして、命題論理のときと同じく、ここでも、演繹として正しい言い換えは対偶だけで、他の「逆」や「裏」は演繹的に正しいものとはなりません。

ここまでのところ、ちょっと、練習してみましょうか。

問題　文A「すべての鳥は卵から産まれる」について次の問いに答えてください。
(1)文Aを「すべてのxに対して……」という形で書き直してください。
(2)文Aの対偶を、「すべてのxに対して……」という形で書いてください。
(3)文Aの対偶を、xを使わないふつうの日本語で書いてください。

ついでだから、文Aの逆や裏も（ふつうの日本語で）書いてみてください。「逆」と「裏」、覚えてますか？（忘れたひとは127ページの図を見てください。）答えは次のページをめくったところに書いておきます。

「バカな男がいる」の論理構造

次に存在文の論理構造を考えましょう。たとえば、議論領域を人間だとして、「怠け者がいる」という文を考えてみます。さっきは「すべて」だったので、議論領域に属するaさん、bさん、cさん、……の全員にあてはまることが言われていたのですが、こんどは「存在する」ですから、怠け者というのが誰なのか分かりません。そこで、さっき使った変項「x」がここでも役に立ちます。ともかく議論領域の中に誰かxさんというひとがいて、そのxさんは怠け者なのだ、というわけです。ちゃんと書いてみましょう。

ある x が存在し［x は怠け者だ］

対比する意味で、「すべてのひとは怠け者だ」を書いてみます。

すべての x に対して［x は怠け者だ］

こうした、「すべての x に対して」とか「ある x が存在し」といったことばは、議論領域の中のどれだけの対象にあてはまるのかを言うものなので、対象の量に関わるという意味で「**量化**」のことばと言われます。「すべて」は「**全称量化**」、「存在する」は「**存在量化**」です。

212ページの問題の答え
(1)すべての×に対して［×が鳥であるならば、×は卵から産まれる］
(2)すべての×に対して［×が卵から産まれないならば、×は鳥ではない］
(3)卵から産まれないものは、すべて鳥ではない。

注意してほしいのは、「ある x が存在し」と書くと、まるでその x は一つしかないような印象をもたれてしまうかもしれませんが、「怠け者がいる」で明らかなように、「存在する」と言われているその対象は一つとはかぎりません。複数でぜんぜんかまわないわけです。（たくさんいるでしょうね。）そこらへん、まぎれなく書こうと思ったら「ある x が一つ以上存在し」とか「ある x が少なくとも一つ存在し」とか書いた方がよいのかもしれません。

ですから、全称と存在というのは、けっきょくのところ「全体」と「部分」なのです。議論領域の全体にあてはまると主張するのが「全称量化」で、議論領域の部分にあてはまると主張するのが「存在量化」です。

でもね、って、あまりゴチャゴチャ言いたくないのですけど、この「部分」というのは、一方ではただ一つだけということもあるわけですが、もう一方の極端は全体になっているという場合もあります。「怠け者がいる」と言って、とりあえず部分の主張をしていたのですが、私がそうだ、君もそうか、なんだあのひともそうだ、このひともそうだ、えっ、実はみんな怠け者なんじゃないか、なんかやる気なくなってきちゃったな、という具合に、かりにみんな怠け者でも、「怠け者がいる」ということに変わりはないわけです。ただ「怠け者がいすぎる」というだけです。

こんなふうに、存在量化は一つの場合から全体に至るまで、めいっぱい不特定な量を表す表現になっています。ともかく、多いのか少ないのか分からないけれど、一つかもしれないし全部かもしれないけれど、これこれのものが存在するのだ、というわけです。

次に、全称文のときと同じように、もう少し複雑な存在文を考えてみましょう。全称文のときに考えたのは「すべての男はバカだ」でしたが、こんどは「バカな男がいる」という文を考えます。これを全称文のときのように「ならば」を使って分析するわけにはいきません。つまり、「ある x が存在し［x がバカであるならば、x は男である」」だと、「バカな男がいる」という意味にはなりません。ここで存在するとされている誰かは、「バカであるならば男だ」などという条件文があてはまるひとではなくて、まさしく「バカだし、男だし」と言われているわけです。ちゃんと書けば次のようになります。

ある x が存在し［x はバカであり、かつ、x は男である］

「ならば」ではなく、「かつ」になるわけです。

ちなみに、「A かつ B」は「B かつ A」と同じ意味でしたから、存在文が「かつ」の構造をもっているということから、「F であるものの中に G であるものがいる」と「G であるものの中に F であるものがいる」とが同じ意味だということが分かります。たとえば、「バカな男がいる」は「男のバカがいる」と同じ意味ですし、「論理学者の中には非論理的なひとがいる」は、「非論理的なひとの中には論理学者がいる」と同じことになります。

ちょっと示してみましょうか。

論理学者の中には非論理的なひとがいる
↔あるｘが存在し［ｘは論理学者であり、かつ、ｘは非論理的である］
↔あるｘが存在し［ｘは非論理的であり、かつ、ｘは論理学者である］
↔非論理的なひとの中には論理学者がいる

では、ここまで見てきた全称文と存在文に対する論理構造の捉え方をまとめておきましょう。

すべてはＦである……すべてのｘに対して［ｘはＦである］ すべてのＦはＧである……すべてのｘに対して［ｘがＦならば、ｘはＧである］ Ｆであるものが存在する……あるｘが存在し［ｘはＦである］ ＦであるＧが存在する……あるｘが存在し［ｘはＦ、かつ、ｘはＧである］

「すべて」と「存在する」を組み合わせる

述語論理の表現力はさらに豊かなものを見せてくれます。たとえば数学などで、議論領域を自然数として、「どんな数にも、それより大きい数が存在する」などといった形の文を見ることがありますが、これは全称量化と存在量化を組み合わせたものになっています。説明抜きで天下り的に言ってしまえば、これはこんなふうに書くことができます。

すべてのxに対して［あるyが存在し［yはxより大きい］］……①

議論領域は自然数ですから、xやyには0、1、2、……といった数が入ります。どんな数xをもってきても、そのxに対して、xより大きい数yが存在する、というのです。ここで、いまの①と次の②を区別することがものすごく重要になります。

あるyが存在し［すべてのxに対して［yはxより大きい］］……②

こんどは、ある数yが存在して、その数yは、どんな数xよりも大きい数になっている、という意味になります。「へ?」という顔をしたひと、どうぞゆっくり読み直してください。

ふつうのことばで言えば、①は「どんな数にも、それより大きい数が存在する」で、②は「どんな数よりも大きい数が存在する」です。意味が正反対です。①は自然数には最大の数は存在しないと言っているのに等しくて、②は反対に自然数には最大の数が存在すると言っています。(あ、すいません。まちがえました。②はもっとめちゃくちゃなことを言っていました。存在すると言われている数yは、すべての数xよりも大きいというわけですね。それで、この「すべての数x」は文字通りにとられます。つまり、「すべての数x」にはそのy自身も含まれることになりますから、yは自分よりも大きい数ということになります。もちろん自然数には最大数もないけど、自分よりも大きい数っていうのは、もっとないですよね。いや、「もっとない」ってのも変か。ごめんなさい。)

ええと、それでですね、このように全称量化や存在量化を複数個組み合わせたものは、「**多重量化**」と呼ばれます。全称と存在を組み合わせるだけではなくて、全称と全称、存在と存在を組み合わせた多重量化もあります。問題の形にしてみましょう。まだ説明が足りないと思いますので、少し考えたらどうぞすぐに答えを見ちゃってください。

問題　次の文を変項x、yを用いて量化の形がはっきりするように書き直してください。

(1)全員が全員にプレゼントをあげた。
(2)誰かが誰かにプレゼントをあげた。
(3)全員が誰かにプレゼントをあげた。

答えを書きましょう。

(1)すべてのxとすべてのyに対して［xはyにプレゼントをあげた］
(2)あるxとあるyが存在して［xはyにプレゼントをあげた］
(3)すべてのxに対して［あるyが存在して［xはyにプレゼントをあげた］］

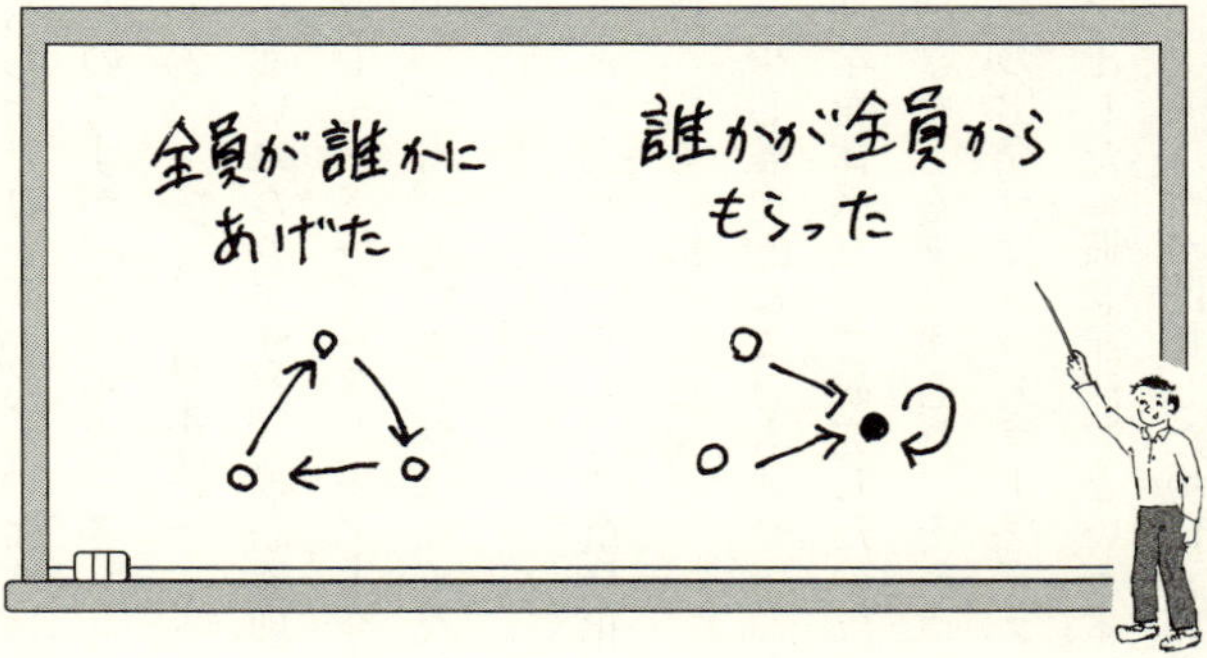
全員が誰かにあげた
誰かが全員からもらった

⑴と⑵は同じ量化の組み合わせですから、順番は気にしなくてだいじょうぶですが、⑶は全称と存在の組み合わせですから、順番がだいじになります。解答と順番を変えて、「ある y が存在して「すべての x に対して［x は y にプレゼントをあげた］」」にすると、意味が変わってしまいます。誰か y さんがいて、その y さんに対して、すべての x、つまり全員がプレゼントをあげた、というわけですから、つまり「全員からプレゼントをもらったひとがいる」という意味になります。

でも、正直に言って、文⑶はそのあたりあいまいですよね。解答のようだと、全員が誰かにプレゼントをあげた、その誰かは、全員に共通した誰かではなくてそれぞれ別々でよいということになります。だけど、文⑶は「全員からプレゼントをもらったひとがいる」のようにも読めるでしょう。というわけで、不出来な問題だったのですが、その不出来さも含めて教訓にしてください（居直ってるわけじゃありません）。ふつうの日本語で「全員が誰かにプレゼントをあげた」のように言うと、あいまいになりますが、述語論理の表現法を用いて「すべてのxに対して［あるyが存在して［xはyにプレゼントをあげた］］」と書くと、ちょっと読みにくいでしょうけど、でも、あいまいさはなくなるわけです。まあ、そのあたりも、述語論理の表現法のいいところかな、と。

ともあれ、こうして多重量化まで考えることによって、述語論理の表現力はかなり豊かなものになります。

少し歴史的なことも述べておきましょう。論理学の歴史はとても古くて、最初に論理学を体系だてて研究したのはアリストテレスでした。あるいはまた、ストア派の論理学などもありました。それに対して、私たちがこの本で見ているのは現代論理学で、その出発点はゴットロープ・フレーゲというドイツの哲学者・論理学者が一八七九年に出した『概念記法』という本にあります。

フレーゲが開拓した現代論理学は、それまでのアリストテレスの論理学やストア派の論理学を統一的に体系化するものでした。でも、それだけなら、部分的にはこれまでの論理学が扱っていたものだとも言えます。そして、実のところ、私たちがこの本で見てきた話題で、この多重量化に踏み込む前のところまでは、統一的な仕方で体系化したのはフレーゲがはじめてだったとしても、部分的にはそれまでの論理学でも扱われていたような話題だったのです。だけど、多重量化はそうではありません。私たちは多重量化のところまで来てはじめて、現代論理学でしか扱えない話題に踏み込んだのです。ですから、フレーゲが開拓した現代論理学をひとことで言うならば、アリストテレスやストア派の旧来の論理学を統一して体系化するとともに、さらに、多重量化というそれまでになかった新たなところに踏み込み、体系を拡大し、完成させたもの、と言えるでしょう。

述語論理の公理系

さあ、それでは述語論理の公理系を見ていくことにしましょう。目標は、「すべて」と「存在する」ということばに関わる論理法則をすべて証明できるような、証明の出発点となる公理を定めることです。そして私たちがとっていたやり方は、そのことばに関する導入則と除去則を考えていく、というものでした。ここでも、「すべて」と「存在する」について、それぞれ導入則と除去則を見ていくことにします。合計四つの公理のうち、全称量化の除去則と存在量化の導入則はわりと分かりやすいので、あまり問題はありません。しかし、全称量化の導入則はけっこう分かりにくいですし、存在量化の除去則はかなり難物です。分かりやすいものから見ていくことにしましょう。

(i) 全称量化の除去則

「すべては……である」という形の主張が立てられたときに、そこから「すべて」ということばを除去したどのような主張が導かれるのか、それを規定するのが全称量化の除去則です。まず、具体的に見てみましょう。

たとえば「すべてのひとはいつかは死ぬ」と主張されたとします。そのとき、そこから任意の**個別の主張**が導かれます。「個別の主張」というのは、たとえば花子についての「花子はいつかは死ぬ」といった主張です。全称文は「すべてのひとは」と主張しているので、そこから任意のひとについて、「このひとはいつかは死ぬ」と言えます。

これを公理として表すならば、こんな感じでしょうか。

すべてのxに対して［xはFである］⟶ tはFである（tは任意）

「t」って何だ、と言われるかもしれませんが、何でもいいんです。だから、記号も「t」じゃなくて「a」でも「m」でもいいのですが、何でもいいのだから、「t」だって別にいいでしょう？ だいじなのは、「すべて」について言われた一般的な主張からは、任意の個別の主張が導かれますよ、ということです。

これで公理にしちゃってもよいようにも思いますが、でも、「すべてのxに対して［xがFであるならば、xはGである］」とか、あるいは多重量化といった、より複雑な形の命題もありますから、「すべてのxに対して［xはFである］」という一番単純な形の主張だけ取り上げていたのではあまりうまくありません。そこで一工夫します。「x」が現れるような主張をともかく一括して「Ax」と書くことにします。「xはFである」とか「xがFならば、xはGである」とか、なんでもとにかくxが現れているような主張をただたんに「Ax」と書くことにしましょう。そうすると、全称量化の除去則はこんなふうに書くことができます。

全称除去……すべてのxに対して［Ax］──→At（tは任意）

「At」は「Ax」の「x」のところを「t」で置き換えたものです。たとえば、「すべてのxに対して［xがFならば、xはGである］」から、任意のtについて、「tがFならば、tはGである」が導かれる、というわけです。

(ii) 存在量化の導入則

こんどは、存在量化のことばを使っていないどのような主張から、存在量化を伴った主張が導かれるのかを規定します。

たとえば「ツチノコが存在する」という主張が正しいと分かるのはどういうときかと言えば、それは、一匹でよいからツチノコと言えるものが見つかったときです。その一匹は何でもよいので、また「t」を使いましょう。tについて、「tはツチノコだ」と言えれば、そのとき「ツチノコが存在する」という主張の正しさが証明されます。そこで、こんなふうに書けます。

存在導入……At ⟶ あるxが存在し［Ax］

たとえば、「tはツチノコである」から「あるxが存在し［xはツチノコである］」が導かれます。あるいは、もう少し複雑なものとしては、「tは男であり、かつ、tはバカである」から、「あるxが存在し［xは男であり、かつ、xはバカである］」が導かれます。気分は、何でもいいからAであるようなtが見つかったら、「Aであるものが存在する」という主張は正しくなる、というものです。

(iii) 全称量化の導入則

これは、いやなやつです。

考えたいのは、全称量化を含まない主張から全称量化を伴った主張が導かれるのはどういうときかなのですが、そんなの無理なんですよね。つまり、全称量化の導入っていうのは、まともに考えたら無理なんです。たとえば、「すべての人間はいつかは死ぬ」という全称文の主張を考えてみましょう。この議論領域は、人間の全体、これから生まれてくる人間も含めて、無限の数の人間たちの集合になります。だから、その正しさを示せと言われたら、そりゃあ、その無限の数の人間たちのすべてを調べてみるしかありません。「すべて」という全称文の主張を証明できるのはすべてを調べたときだけでしょう。

でも、問題なく全称量化の導入を認めてもよさそうな場合というのも、あります。まず、単純なものですが、次の論理法則を見てください。

すべてのxに対して［xはFである］、すべてのxに対して［xはGである］

⟶すべてのxに対して［xはFである、かつ、xはGである］

たとえば、「すべての人間は人間から生まれた」と「すべての人間はいつかは死ぬ」という二つの前提から、その二つをまとめて「すべての人間は人間から生まれ、かつ、いつかは死ぬ」を結論するといった推論で、直感的にも明らかです。そこでそれをこんなふうに証明してやりたい。

証明

(1)すべてのxに対して［xはFである］　前提
(2)すべてのxに対して［xはGである］　前提
(3)tはFである　(1)と全称除去
(4)tはGである　(2)と全称除去
(5)tはFである、かつ、tはGである　(3)(4)とかつ入れ
(6)すべてのxに対して［xはFである、かつ、xはGである］　(5)と全称導入？

問題になるのは(5)から(6)のステップです。二つの前提(1)(2)から「すべて」をはずして、「tはFである」と「tはGである」を出して、それを「かつ」でつなげて、(5)の「tはFである、かつ、tはGである」を出した。このtはもともと全称文から取り出されてきたもので、任意のt、なんでもいいtです。だったらそこにもう一度「すべて」を入れてやってもいいじゃないか。

つまり、こんなふうに、全称文から取り出されてきたことがはっきりしていて、その任意性——何でもいいんだ——がはっきりしているtについて成り立つことならば、それを全称文にしてもいい。これが、全称文の導入則になります。

もともと全称文だったものをいったん任意の個別の主張にして、それからまた全称文にするというわけですから、「導入則」というよりは「復元則」と呼んだ方がいいかもしれません。

全称導入……At ⟶ すべてのxに対して［Ax］（tは任意性をもつこと）

「tは任意性をもつこと」という条件がまだあいまいでいやですが、私たちは別にこのあと述語論理の証明をやってみようというわけではないので、多少あいまいでもかんべんしてください。ともあれいま押さえておいてほしいのは、「証明の中で任意性が保証されたtについて成り立つ個別の主張は、すべてのxに対して一般化できる」という、この考え方です。

(iv) 存在量化の除去則

これが四つ目、これで最後になります。そしてこれが一番むずかしい。

存在量化の除去則では、存在文からどのようなことが帰結として導かれるかを規定したいのですが、たとえば「怠け者がいる」という存在文から何が導けるでしょう。「太郎は怠け者だ」からならば、存在導入をあてはめて「怠け者がいる」を導くことができます。でも、「怠け者がいる」から「太郎は怠け者だ」なんて、導けません。怠け者なのは太郎じゃなくて花子かもしれない。私かもしれないし、あなたかもしれない。あるいは、「すべてのひとはいつかは死ぬ」という全称文であれば、全称除去を適用して「太郎もいつかは死ぬ」を導くことができます。では、存在文「怠け者がいる」から何が導けるのでしょう。

まったく、存在文というのは、すべてのものについて述べる全称文とか太郎や花子について述べる個別の主張などと比べて、引き出せる情報量が一番少ないのです。たんに「誰かそういうひとがいる」というだけなのですから。

ここで再び、アンパンと天罰の推論を考えてみましょう。

私のアンパンを食べた者がいる。
私のアンパンを食べた者には天罰が下る。
だから、天罰が下る者がいる。

これ、第一前提は存在文です。そうすると、存在文だけから何かを導くのはきついとしても、存在文と何かを組み合わせれば、そこから何か帰結を導いてくることができると考えられます。もう少しこの推論の成り立ちを調べてみましょう。

ときに、存在するとされているそのものに名前をつけてしまうことがあります。ネス湖に首長竜のような生き物がいると言われて、「ネッシー」と名前をつけるとか、娼婦連続殺人犯に対して、まだ誰とも特定していないうちから「切り裂きジャック」と名前をつけるとか。そこで私も、私のアンパンを食べた者を「アンパンマン」と呼ぶことにします。……よく分からないのですが、この名前はまずいような気がしてきましたので、「アン子ちゃん」にします。

すると、ともかく私の中では、「アン子ちゃんが私のアンパンを食べた」ということになります。そこに、「私のアンパンを食べた者には天罰が下る」という第二の前提が加わります。これは全称文ですから、任意のtで全称除去できる。つまり、「私のアンパンを食べた者には天罰が下る」は、述語論理の表現で書けば、「すべてのxに対して［xが私のアンパンを食べたならば、xには天罰が下る］」となりますから、全称量化をはずして、「x」に任意の「t」を代入してよい。つまり、「tが私のアンパンを食べたならば、tには天罰が下る」とできる。「t」は任意で、なんでもいいわけですから、「アン子ちゃん」でもいい。というわけで、「アン子ちゃんが私のアンパンを食べたならば、アン子ちゃんには天罰が下る」ということが、第二前提から全称除去を使って出てくる。

そうすると、次の推論が成り立ちます。

アン子ちゃんが私のアンパンを食べた。
アン子ちゃんが私のアンパンを食べたならば、アン子ちゃんには天罰が下る。
だから、アン子ちゃんには天罰が下る。

これは命題論理の条件法除去、「肯定式」と呼んでいたものにほかなりません。そこで最後の一歩、「アン子ちゃんには天罰が下る」ということから、「天罰が下る者がいる」が出てきます。これは存在導入、「At ⟶ ある x が存在し［Ax］」です。

さて、つまり、どういうことになったのでしょうか。「私のアンパンを食べた者がいる」という前提があるので、その犯人を「アン子ちゃん」と勝手に名づけました。そして「アン子ちゃんが私のアンパンを食べた」とした。この文は量化のことばをもっていませんので、存在文よりもずっと推論において使いやすい。そこで、これを第二の前提と組み合わせ、全称除去と肯定式と存在導入を適用して、「天罰が下る者がいる」という結論にたどりついたわけです。だとすれば、「私のアンパンを食べた者がいる」という存在文から「天罰が下る者がいる」という結論を導いてもかまわないのではないか。こんな流れになっています。

存在量化の除去則を示してみましょう。そして、それを見ながら、説明を続けたいと思います。存在量化の除去則はこんなふうになります。

存在除去……ある x が存在し［Ax］、Aα ならば C ⟶ C

分かりにくいでしょうが、「α」というのが「アン子ちゃん」だと思うと、少し見えてくるのではないでしょうか。まず存在文がある。そこでその存在するとされているものに勝手に名前をつけてしまう。それが「α」です。（こういう名前は「**不確定名**」と呼ばれたりします。）そして、Aα から C が導かれることを確認する。しかも、結論 C にはこっちが勝手につけた名前 α はもう含まれていない。だったら「A であるものが存在する」から C を導いたってかまわないだろう。

ここで、「結論 C に α が含まれていてはいけない」という条件が必要になるということは、冷静に考えればあたりまえです。α はこっちが勝手につけた名前ですから、最終的に存在文から導きたい結論の中に α が入っていることは許されません。「私のアンパンを食べた者がいる」から導かれた結論として「アン子ちゃんには天罰が下る」とか言ったとしても、アン子ちゃんて誰よ、と言われるだけです。

いわば、アン子ちゃんは、「私のアンパンを食べた者がいる」という存在文を用いて為される推論の過程にだけ登場する「影」、存在の影なのです。（なんか、かっこいいですね。アン子ちゃんは存在の影なのだ。いやいや、失礼しました。）だから、アン子ちゃんは結論ではそっと退場していなければなりません。

ところで、存在除去の公理を見て、何か感じたひとはいませんか。何か感じたひとっていうのも、あいまいな言い方ですが、何か、こう、「あれ？」と思ったとか。理屈じゃなく、直感で。いや、実はですね、この公理は「いずれにせよ論法」の存在量化ヴァージョンなのです。

「いずれにせよ論法」というのは次のようなものでした。

AまたはB、AならばC、BならばC ⟶ C

似てませんか？　存在除去と。

AかBかの別れ道があって、Aの道を行ってもCに着くし、Bの道を行ってもCに着く。だとすれば、いずれにせよCに着くじゃないか。これが「いずれにせよ論法」でした。一方、存在除去を見てください。誰か私のアンパンを食べた者がいる。アン子ちゃんが食べたとすれば、天罰が下る者がいる。アン子ちゃんというのは勝手につけた名前ですから、アンパンマンでもいい。カレーパンマンでもいい、ばいきんまんだってかまわない。いずれにせよ、天罰が下る者がいる。存在除去は、「いずれにせよ論法」の変形にほかならないのです。

このことは、存在文が選言文と似ているという、さっきの話とみごとに符合します。存在文は選言文に似ている、だから、選言文における「いずれにせよ論法」と同様の論法が存在文にも成り立つ。――なんだか、ゴチャゴチャした話が続いただけに、ジグソーパズルのピースがピタッと一致したような、そんな気持ちよさがあるのではないでしょうか。

以上、全称導入、全称除去、存在導入、存在除去、これら四つの公理がそろいました。これで、述語論理の公理系ができます。

とはいえ、この四つの公理だけでは話になりません。述語論理は、いままで見てきたように、否定も連言も選言も条件法も、ぜんぶ使います。つまり、命題論理をその中に含んでいる。ですから、述語論理の公理系というのは、第5章で見た命題論理の公理プラスいまの四つの公理（量化の公理）ということになります。その意味で、述語論理は命題論理と別ものではなく、命題論理を踏まえ、命題論理を拡張した論理体系になっているのです。

述語論理の公理系

I　命題論理の公理（146ページ）

II　量化に関する公理

全称導入……At ⟶ すべてのxに対して［Ax］（tは任意性をもつこと）

全称除去……すべてのxに対して［Ax］⟶ At（tは任意）

存在導入……At ⟶ あるxが存在し［Ax］

存在除去……あるxが存在し［Ax］、Aαならば C ⟶ C（Cはαを含まない）

論理学のやり方

これで公理系ができました。公理系ができると、さまざまな定理が証明できるようになります。たとえば、全称と存在のド・モルガンの法則などが、いまの公理から証明できます。

しかし、論理学の仕事としては、むしろ次にやるべきはこの公理系の健全性と完全性を示すことです。つまり、この公理系がいらない論理法則まで証明してしまう過剰なものではないこと（健全性）、そして、必要な論理法則はすべてこの公理系で証明できるということ（完全性）、それを確かめねばなりません。そのためにはまず、述語論理において何が「必要な論理法則」なのかを決めなければならない。

たとえば、全称と存在のド・モルガンの法則のひとつに、「（すべてのxに対して［xはFである］）というわけではない⟶あるxが存在し［xはFではない］」というもの（全称の否定⟶否定の存在）がありますが、これが必要な論理法則、つまり「妥当な」論理法則であるということは、この法則に反例がないということです。反例のチェックは、「F」のところに具体的な性質（たとえば、「いつかは死ぬ」）を入れてみて、それがこの論理法則にあてはまるかどうかを議論しなければなりません。排中律のときのように、あるひとたちはある事例を反例として主張し、また別のひとたちはそれは反例になっていないと言い返すかもしれません。このようなレベルの議論を、第5章では「内容的アプローチ」と呼んだわけです。それに対して、公理系は具体例のことは考えないから、「形式的アプローチ」です。命題論理のところでは真理関数という考え方を用いた内容的アプローチを紹介しました。そしてそのアプローチに従えば、標準的な命題論理の公理系は完全なものとされたのです。

さて、私はこのあたりでこの本における私たちの山登りの足を止め、あとは、近くに、あるいは遠くに見える山並みを、ただ指差すだけにしたいと思います。

まず、すぐとなりに見える山頂から。述語論理の公理系に対しても、内容的アプローチをして、妥当な論理法則の範囲を議論しなければいけません。

次に、その向こう側に見える山頂ですが、その内容的アプローチの議論を踏まえて、述語論理の体系の健全性と完全性を示さなければいけません。これはもう、たいへんな行程になります。ちょっと装備を改めて向かっていかなくちゃいけない。

実は、そのピークをはじめて踏んだひとというのは、誰あろうゲーデルでした。ゲーデルは数学（自然数論）の不完全性を証明したことで有名ですが、そして第5章では、私も少しだけその話をしたのですが、その前に述語論理の完全性を証明しているのです。すごいのは、述語論理の完全性の証明を学位論文として発表したのが一九三〇年（二十三歳）で、その次の年にはもう自然数論の不完全性定理を発表しているんですよね。これ、ほんとにすごいです。たまりません。

述語論理の完全性と数学の不完全性の対比というのは、とても興味深いものがあります。述語論理に、あと等号「＝」の公理と、数（0、1、2、……）の公理を付け加えると、自然数論、つまり数学の領域になります。その意味では、述語論理というのは、数学にギリギリまで接近した、論理学の手一杯のところまで来ているものと言えるのです。別の言い方をするならば、数学、少なくとも自然数論が必要とする論理は、私たちがここまで見てきた述語論理で十分まかなえるということです。その述語論理が完全で、数学は不完全だというのですから、私たちはここで完全な公理系が作れる、その境目に立っていることになります。第5章の終わりでも言いましたが、やはり、なんとなく、しみじみとします。

目を転じましょう。数学の論理は述語論理でまかなえるとしても、日常言語の論理は数学よりもはるかに豊かです。私たちはまだまだ論理学でやるべきことをたくさんもっています。何か演繹的推論が為されていれば、それは論理学のターゲットになりえます。そこで為されている推論が本質的に関わっている論理のことばを取り出し、内容的アプローチと形式的アプローチの両方向から攻めて、健全で完全な公理系を作る。それが基本的に論理学の仕事です。

たとえば、そんなことばとして、「可能性」と「必然性」があります。これは日常言語のことばというよりも、むしろ哲学のことばを取り上げて論理体系を作ろうとしたものと言うべきでしょう。「可能性」と「必然性」というのは、古代からずっと哲学が問題にしつづけてきた話題です。「2＋3＝5」というのは必然的に真で、「2＋3＝6」は不可能です。他方、たとえば「ゲーデルは論理学者だ」というのはけっして必然的に真というわけではなく、「ゲーデルはダンサーだ」ということも、現実のことではありませんが、ありえたことだという意味で、可能です。（もちろんダンサーでありかつ論理学者であることも可能です。）いったい、数学が必然的に真とされるような身分をもつのはどうしてなのか。いったいあるものごとは現実のあり方以外にどんな可能性をもっているのか。そもそも「可能性」とか「必然性」とは何なのか。こうした問題を明晰に捉えていくためにも、そこで用いられていることばを整理し、理論化し、体系化することはだいじです。そこで、二十世紀になってから、論理学はその研究に乗り出しました。

「必然性」や「可能性」は、「2＋3＝5は必然的である」とか「ゲーデルがダンサーであることは可能である」のように、ある文Pに対して「Pは必然的である」や「Pは可能である」といったように使われます。こうしたことばは、文の「様相」を表現することばと言われます。「必然性様相」とか「可能性様相」とか言うわけです。そして、そうした様相のことばを扱う論理学を「様相論理」と言います。

これでターゲットが定まりました。あとは、内容的アプローチと形式的アプローチの両方向から攻めて、健全で完全な公理系を作るわけです。

こんなふうに論理学は仕事をしていきます。しかし、こうした作業とは別に、もうひとつのきわめて重要な仕事があります。命題論理のところで標準的な命題論理にかわるような非標準的な命題論理の可能性を示唆しておきました。これは、命題論理を拡張するとか、命題論理とは別のことばを研究対象にするといったものではありません。標準的な命題論理と同じことば（否定・連言・選言・条件法）をターゲットとして、標準的な命題論理とは異なる体系化を提案するものです。

問題にする論理のことばが決まれば、それに対する論理体系もひとつに定まるというほど単純ではありません。それらのことばを巡って、さまざまな観点、さまざまな立場が生じてきます。だからこそ、論理学は哲学と深く結びつき、根本的で、思考の限界に挑むような学問となっているのです。

おわりに

一冊の本を終えた気楽さで、多少個人的な事情を書くことをお許しいただきたい。この本は、私にとって四冊目の論理関係の本になる。最初は『論理学』という本で、現代論理学の教科書をめざしたものであるから、記号もフルに使っている。ただ、論理学が鎧を着てガチャガチャ歩いている横で、二人の禅坊主が茶々を入れるという趣向にして、可能なかぎり論理学の生の声を拾おうとはしている。次は『論理トレーニング』および『論理トレーニング101題』という本で、これは論理学の本ではなく、論理的になるための実用書をめざした。『論理トレーニング』を執筆したときの苦労は、むしろ理論化したくなる衝動をいかに克服するかにあったと言える。現実の柔軟で多彩な論理に対応するには、理論化はかえってじゃまであり、具体的な問題をこなしていくことがなによりもだいじと考えたのである。しかし、正直に言えば、私は頭でっかちな人間であり、きれいな理論体系をこよなく愛する者なのである。とりわけ、実際に自分の手で理論を作り上げていく楽しみに耽りたくなるたちなのだ。私は、一方に『論理学』、一方に『論理トレーニング』を見すえ、そのどちらにも属さない論理学の本をもう一冊だけ、書いてみたくなった。それが、この本である。

この本で私は、論理学という学問が、私たちが日常用いていることばに潜む論理を理論化し、体系化していく、その作業の実際の手触りを伝えようとした。だから、できあがった理論のみごとさよりも、むしろあれこれ迷いながら理論化を模索していくそのプロセスを、ぜひ味わい、楽しんでいただきたい。

そしてもし、この本を楽しむことができて、もっと進んで論理学を学んでみたいと思ったならば、まずは二冊だけお薦めしておきたい。もちろん、私の以前の本『論理学』を読んでいただいてもよいのだが、これはあえてお薦めする二冊には含めないでおこう(積極的に「お薦めしない」というわけではない。「積極的にお薦めする」ことをしない、というのである。ここらへんの否定の機微については、なにとぞ本文を熟読していただきたい)。『論理学』では、詳しい説明は省かざるをえないが、私は「真理表」というやり方を用いた意味論的アプローチからはじめて、そこから公理系へと進み、メタ論理の話をして、最後には不完全性定理を見るという筋道を辿った。

これは、かなりオーソドックスな筋道と言えるだろう。しかし、論理学は推論を理論化するものであるから、なによりもまず基本的な推論の型から入っていきたい。そう考え、本書では真理表を用いることもせず、『論理学』とはかなり異なる道を行くことになった。その意味では、本書と『論理学』は補完的なのであって、本書は『論理学』をより平易にした入門編というわけではない。

というわけで、本書の先に位置するものとしてお薦めしたい一冊目は、金子洋之『記号論理入門』（一九九四年、産業図書）である。金子さんのこの本もまた、真理表を用いてはおらず、本書がベースにしている「自然演繹」と呼ばれる体系を展開している。とくに証明のやり方について丁寧な説明がなされており、やっぱり論理学だものバンバン証明やりたいよな、というひとはぜひ挑んでみてほしい。

二冊目は、戸田山和久『論理学をつくる』（二〇〇〇年、名古屋大学出版会）。この本は、理論化するプロセスを重視するという精神を、本書と共有している。しかし、話題の広さと議論の本格さにおいては、戸田山さんの大きな本は私のこの小さな本を圧倒的に凌駕《りょうが》している。もし私の本が戸田山さんの『論理学をつくる』へと読者を導く役を少しでも果たせるならば、私としては光栄と言わねばならない。

しかし、大は小を兼ねるかというと、そうでもない。小さい本には小さい本の役割というものがある。私は、読者の指先を、論理学という学問の脈動にじかに触れさせたかった。満漢全席のような料理を並べてみせる（私にはできないが）のではなく、その泉の湧き出し口へと読者を誘い、ひとすくいの水を口にしてほしかった。成功したかどうかは分からない。しかし、私はそう願ってこの本を作った。

本を作るという作業はつねにけっして著者ひとりの作業ではなく、多くのひとたちの共同作業だが、今回はとりわけ担当編集者である松本佳代子さんの力が大きかったことを記しておきたい。本書が全体としてなんらかの非凡さと輝きをもちえ、またその叙述が明確で分かりやすいものになりえているとしたら、その喜びはけっして私ひとりが受けとるものではない。また、図表の作成にあたっては、市川真樹子さんのお世話になった。記して感謝したい。（ただし、黒板の脇のどことなく著者のような人物と、板書の文字と、へたくそなツチノコの絵は、私のものである。）

二〇〇六年六月

野矢茂樹

索　引

索　引

野矢茂樹（のや・しげき）

1954年（昭和29年），東京に生まれる．
80年東京大学教養学部教養学科卒業．85年東京大学大学院博士課程修了．北海道大学文学部助教授，東京大学総合文化研究科教授，立正大学文学部教授を歴任．専攻は哲学．

著書『論理学』（東京大学出版会）
『心と他者』（勁草書房／中公文庫）
『哲学の謎』（講談社現代新書）
『無限論の教室』（講談社現代新書）
『哲学・航海日誌』（春秋社／中公文庫）
『はじめて考えるときのように』（PHP 文庫）
『論理哲学論考を読む』（ちくま学芸文庫）
『ここにないもの』（中公文庫）
『新版 論理トレーニング』（産業図書）
『大森荘蔵——哲学の見本』（講談社学術文庫）
『語りえぬものを語る』（講談社学術文庫）
『哲学な日々』（講談社）
『心という難問』（講談社）
『増補版 大人のための 国語ゼミ』（筑摩書房）
『まったくゼロからの論理学』（岩波書店）
『哲学探求という戦い』（岩波書店）
『言語哲学がはじまる』（岩波新書）
訳書『論理哲学論考』（岩波文庫）ほか

入門《にゅうもん》！ 論理学《ろんりがく》
中公新書 *1862*

2006年 9 月25日初版
2025年 4 月30日25版

著　者　野矢茂樹
発行者　安部順一

本文印刷　三晃印刷
カバー印刷　大熊整美堂
製　　本　フォーネット社

発行所　中央公論新社
〒100-8152
東京都千代田区大手町 1-7-1
電話　販売 03-5299-1730
　　　編集 03-5299-1830
URL https://www.chuko.co.jp/

Published by CHUOKORON-SHINSHA, INC.
Printed in Japan　ISBN978-4-12-101862-5 C1210

中公新書刊行のことば

いまからちょうど五世紀まえ、グーテンベルクが近代印刷術を発明したとき、書物の大量生産は潜在的可能性を獲得し、いまからちょうど一世紀まえ、世界のおもな文明国で義務教育制度が採用されたとき、書物の大量需要の潜在性が形成された。この二つの潜在性がはげしく現実化したのが現代である。

いまや、書物によって視野を拡大し、変りゆく世界に豊かに対応しようとする強い要求を私たちは抑えることができない。この要求にこたえる義務を、今日の書物は背負っている。だが、その義務は、たんに専門的知識の通俗化をはかることによって果たされるものでもなく、通俗的好奇心にうったえて、いたずらに発行部数の巨大さを誇ることによって果たされるものでもない。現代を真摯に生きようとする読者に、真に知るに価いする知識だけを選びだして提供すること、これが中公新書の最大の目標である。

私たちは、知識として錯覚しているものによってしばしば動かされ、裏切られる。私たちは、作為によってあたえられた知識のうえに生きることがあまりに多く、ゆるぎない事実を通して思索することがあまりにすくない。中公新書が、その一貫した特色として自らに課すものは、この事実のみの持つ無条件の説得力を発揮させることである。現代にあらたな意味を投げかけるべく待機している過去の歴史的事実もまた、中公新書によって数多く発掘されるであろう。

中公新書は、現代を自らの眼で見つめようとする、逞しい知的な読者の活力となることを欲している。

一九六二年一一月

哲学・思想

中公新書

言語・文学・エッセイ

j 1

2756 言語の本質 今井むつみ 秋田喜美
433 日本語の個性（改版） 外山滋比古
533 日本の方言地図 徳川宗賢編
2740 日本語の発音はどう変わってきたか 釘貫 亨
2493 日本語を翻訳するということ 牧野成一
500 漢字百話 白川 静
2213 漢字再入門 阿辻哲次
1755 部首のはなし 阿辻哲次
2534 漢字の字形 落合淳思
2430 謎の漢字 笹原宏之
2363 外国語を学ぶための言語学の考え方 黒田龍之助
2808 広東語の世界 飯田真紀
2812 サンスクリット入門 赤松明彦
1833 ラテン語の世界 小林 標
1971 英語の歴史 寺澤 盾

2407 英単語の世界 寺澤 盾
1533 英語達人列伝 斎藤兆史
2738 英語達人列伝Ⅱ 斎藤兆史
1701 英語達人塾 斎藤兆史
2628 英文法再入門 澤井康佑
2684 中学英語「再」入門 澤井康佑
2637 英語の読み方 北村一真
2797 英語の読み方 リスニング篇 北村一真
2775 英語の発音と綴り 大名 力
2836 使うための英語—ELF（世界の共通語）として学ぶ 瀧野みゆき
352 日本の名作 小田切 進
2556 日本近代文学入門 堀 啓子
2609 現代日本を読む—ノンフィクションの名作・問題作 武田 徹
563 幼い子の文学 瀬田貞二
2156 源氏物語の結婚 工藤重矩
2585 徒然草 川平敏文
1798 ギリシア神話 西村賀子

2382 シェイクスピア 河合祥一郎
275 マザー・グースの唄 平野敬一
2716 カラー版 絵画で読む『失われた時を求めて』 吉川一義
2404 ラテンアメリカ文学入門 寺尾隆吉
1790 批評理論入門 廣野由美子
2641 小説読解入門 廣野由美子

中公新書

知的戦略・情報

中公新書

科学・技術